Nouveau catéchisme pour la cité

52 méditations pour s'attacher
aux vérités de Dieu

Nouveau catéchisme pour la cité

Introduction de
Timothy Keller

---

52 méditations
pour s'attacher
aux vérités de Dieu

Édition originale publiée en langue anglaise sous le titre :
The New City Catechism Devotional: God's Truth for Our Hearts and Minds
© 2017 • The Gospel Coalition et Redeemer Presbyterian Church
Publié par Crossway, un ministère de Good News Publishers
1300 Crescent Street • Wheaton, IL 60187 • USA
Cette édition est publiée avec l'accord de Crossway.
Traduit et publié avec permission. Tous droits réservés.

Édition en langue française :
Nouveau catéchisme pour la cité : 52 méditations pour s'attacher
aux vérités de Dieu
© 2018 • Publications Chrétiennes, Inc.
Publié par Éditions Cruciforme • editionscruciforme.org
230, rue Lupien, Trois-Rivières, QC G8T 6W4 – Canada
Tous droits de traduction, de reproduction et d'adaptation réservés.

Publié en Europe par BLF Éditions
Tous droits de reproduction et d'adaptation réservés.

Traduction : Évangile21, Claire Romerowski, Anne Worms
Couverture et graphisme : Matthew Wahl
Mise en page : BLF Éditions

ISBN 978-2-924595-46-6
Dépôt légal 2ᵉ trimestre 2018
Bibliothèque et Archives nationales du Québec
Bibliothèque et Archives Canada

Index Dewey : 238 (cdd23)
Mots-clés : 1. Catéchisme. Crédo.

Imprimé aux États-Unis

Table des matières

Introduction

TIMOTHY KELLER

Question :	*Quel est le but principal de la vie de l'homme ?*
Réponse :	Le but principal de la vie de l'homme est de glorifier Dieu et de trouver en lui son bonheur éternel.
Question :	*Quelle est ton unique assurance, dans la vie comme dans la mort ?*
Réponse :	C'est que, dans la vie comme dans la mort, j'appartiens, corps et âme, non pas à moi-même, mais à Jésus-Christ, mon fidèle Sauveur.

Ces mots, qui ouvrent les catéchismes de Westminster et de Heidelberg, trouvent un écho dans beaucoup de nos dogmes et professions de foi. Ils nous sont familiers, parce que nous les avons entendus pendant des sermons ou lus dans des livres. Pourtant, la plupart des gens ignorent qu'ils proviennent de catéchismes et ne les ont sans doute jamais mémorisés en tant que tels.

Aujourd'hui, beaucoup d'Églises et d'organisations chrétiennes publient des professions de foi qui résument leurs croyances. Mais autrefois, ce genre de documents étaient si imprégnés de la Parole de Dieu, et rédigés avec tant de soin, qu'on les mémorisait et les utilisait pour le développement spirituel et l'enseignement chrétien. Ils se présentaient sous la forme de questions et de réponses, et on les appelait des catéchismes (du grec katechein, qui signifie « enseigner oralement ou instruire avec des paroles »). Le Catéchisme de Heidelberg de 1563 et les Petit et Grand catéchismes de Westminster de 1648 sont les plus connus, et servent aujourd'hui de modèles doctrinaux dans de nombreuses Églises à travers le monde.

La pratique perdue de la catéchèse

Aujourd'hui, la pratique de la catéchèse a presque entièrement disparu, tout particulièrement parmi les adultes. Les programmes modernes de formation de disciples se focalisent sur les études bibliques, la prière, la communion fraternelle et l'évangélisation, et n'abordent souvent la doctrine que de manière superficielle. En revanche, les catéchismes classiques accompagnent les étudiants à travers le Symbole des Apôtres, les Dix Commandements et le Notre Père, un équilibre parfait entre théologie biblique, éthique pratique et expérience spirituelle. De plus, la mémorisation, partie intégrante de la catéchèse, permet aux concepts de prendre profondément racine dans les cœurs. Cela rend les étudiants spontanément plus responsables de la maîtrise du matériel étudié que ne le font la plupart des formations de disciples. Et enfin, la technique des questions-réponses permet la mise en place d'une interaction naturelle entre enseignants et étudiants et établit un processus d'apprentissage par le dialogue.

En résumé, l'enseignement par la catéchèse est moins individualiste et plus communautaire. Les parents peuvent catéchiser leurs enfants. Les pasteurs peuvent catéchiser de nouveaux membres d'Église grâce aux petits catéchismes, et de futurs leaders grâce aux catéchismes plus complets. Par leur richesse, les questions et les réponses d'un catéchisme peuvent être intégrées au culte, lorsque l'Église en tant qu'assemblée désire confesser sa foi et répondre à Dieu par ses louanges.

Parce que nous avons perdu la pratique de la catéchèse, « nos assemblées évangéliques sont très souvent caractérisées aujourd'hui par les réalités suivantes : la vérité est un ensemble de notions vagues et superficielles, on ne sait plus définir précisément qui est

Dieu et ce que signifie être attaché à lui, on fait preuve de légèreté et d'incohérence face aux grands sujets de la vie tels que les choix professionnels, communautaires, familiaux, ou d'Église.»[1]

Pourquoi écrire de nouveaux catéchismes?

Il existe beaucoup d'anciens et excellents catéchismes dont la valeur a été attestée à travers les années. Pourquoi donc déployer tant d'efforts pour en écrire de nouveaux? On pourrait peut-être même remettre en question les motivations de quelqu'un qui souhaiterait entreprendre un tel projet! Toutefois, ce qu'on ne réalise pas, c'est qu'il était autrefois normal, important et nécessaire pour les Églises de produire continuellement de nouveaux catéchismes pour leurs propres besoins. La version d'origine du Livre de la prière commune, dans la tradition anglicane, contient un catéchisme. Les Églises luthériennes avaient entre leurs mains le Grand et le Petit Catéchisme de Luther (1529). Les premières Églises réformées écossaises avaient déjà à leur disposition le Catéchisme de l'Église de Genève de Calvin (1541) et le Catéchisme de Heidelberg (1563). Elles produisirent et utilisèrent néanmoins le Catéchisme de Craig (1581), le Catéchisme latin de Duncan (1595) et le Nouveau Catéchisme de 1644, avant d'adopter celui de Westminster.

Le pasteur puritain Richard Baxter, qui officiait dans la ville de Kidderminster au XVIIe siècle, voulait former systématiquement tous les chefs de famille afin qu'ils puissent enseigner la foi dans leur foyer. Pour cela, il écrivit son propre Catéchisme familial. Celui-ci était adapté aux capacités de sa paroisse et aidait les gens de sa congrégation à appliquer les vérités de la Parole à leurs défis et questionnements quotidiens.

La rédaction des catéchismes avait au moins trois objectifs. Le premier était de réaliser une présentation exhaustive de l'Évangile, non seulement dans le but d'expliquer clairement ce qu'est l'Évangile, mais aussi d'établir les fondements de la Bonne Nouvelle, tels que les doctrines bibliques relatives à Dieu, à la nature humaine, au péché, etc. Le deuxième objectif était de présenter cela de façon que les hérésies, erreurs et fausses croyances en vogue à l'époque et dans une culture donnée soient abordées et combattues. Le troisième objectif, le plus pastoral, était de créer un peuple distinct, une contre-culture qui reflète le Christ, pas seulement au travers du caractère de chaque individu, mais également par la vie communautaire de l'Église.

Lorsqu'on examine l'ensemble de ces trois objectifs, on comprend pourquoi il est nécessaire d'écrire de nouveaux catéchismes. Certes, notre présentation de l'Évangile doit s'inscrire dans la lignée des anciens catéchismes fidèles à la Parole. Toutefois, les cultures changent, de la même manière que les erreurs, les tentations et les défis qui se dressent contre la Bonne Nouvelle, qui elle ne change pas. Le peuple doit donc être équipé pour leur faire face et savoir les combattre.

La structure du Nouveau catéchisme pour la cité

Le Nouveau catéchisme pour la cité comprend seulement 52 questions et réponses (contrairement au Catéchisme de Heidelberg et au Petit Catéchisme de Westminster qui en contiennent respectivement 129 et 107). Il n'y a donc qu'une question-réponse pour chaque semaine de l'année, ce qui permet de l'intégrer facilement à un programme d'Église et le rend plus accessible aux personnes qui ont un emploi du temps très chargé.

Le Nouveau catéchisme pour la cité est une version adaptée du Catéchisme de Genève de Calvin, des Petit et Grand catéchismes de Westminster et, surtout, du Catéchisme de Heidelberg. Il donne un bon aperçu des richesses et des connaissances que l'on peut trouver dans tous les grands catéchismes de l'ère de la Réforme. Nous espérons qu'il encouragera les gens à revisiter les grands catéchismes de l'Histoire et à persévérer dans la catéchèse tout au long de leur vie.

Le Nouveau catéchisme pour la cité a été divisé en trois sections afin de le rendre plus simple à mémoriser :

- Partie 1 : Dieu, la création et la chute, la loi (20 questions)
- Partie 2 : Christ, la rédemption, la grâce (15 questions)
- Partie 3 : Christ, la restauration, la croissance dans la grâce (17 questions)

Comme dans la plupart des catéchismes traditionnels, un verset biblique accompagne chaque question et sa réponse. De plus, chaque question est suivie d'un bref commentaire extrait des écrits ou des allocutions d'un prédicateur des temps passés, ou contemporains, afin d'aider le lecteur à réfléchir et méditer le sujet étudié. Chaque chapitre se termine par une prière courte en rapport avec la question.

Comment utiliser le Nouveau catéchisme pour la cité?

Le Nouveau catéchisme pour la cité consiste en 52 questions et réponses. Le moyen le plus facile de l'utiliser est donc de mémoriser une question et sa réponse chaque semaine. Comme il est écrit sous forme de dialogue, il se prête parfaitement à un apprentissage en binôme, en famille ou en groupe d'étude, ce qui vous permettra de vous interroger mutuellement, sur une ou plusieurs questions à la fois.

Le verset biblique, les commentaires et la prière associés à chaque question peuvent être utilisés dans le cadre d'un culte personnel, n'importe quel jour de la semaine. Ils vous aideront à réfléchir et à méditer sur les difficultés ainsi que sur les applications possibles soulevées par la question et sa réponse.

En groupe, vous pourriez décider de prendre les cinq ou dix premières minutes de votre temps d'étude pour examiner ensemble une question et sa réponse : vous compléteriez ainsi tout le catéchisme en un an. Vous pourriez aussi choisir d'étudier et d'apprendre les questions et leurs réponses en un temps plus court, par exemple en mémorisant cinq ou six questions par semaine et en vous réunissant pour vous tester mutuellement et en discuter, ainsi que pour lire les commentaires associés.

Astuces pour la mémorisation

Il existe diverses manières d'apprendre des textes par cœur, et certaines techniques sont plus adaptées que d'autres à certains types de mémoire. Voici quelques exemples :

- Lisez la question et sa réponse à voix haute, puis relisez et répétez, relisez et répétez, relisez et répétez.

- Lisez la question et sa réponse à voix haute, puis essayez de les répéter sans vous aider du livre. Recommencez le processus plusieurs fois.

- Lisez à voix haute toutes les questions et toutes les réponses de la partie 1 (puis la 2, puis la 3) tout en vous déplaçant. L'association du mouvement et de la parole facilite la mémorisation du texte.

- Enregistrez-vous en train de lire toutes les questions et toutes les réponses de la partie 1 (puis la 2, puis la 3) et écoutez votre enregistrement pendant vos activités de tous les jours (exercice physique, tâches ménagères, etc.)

- Écrivez les questions et les réponses sur des cartes que vous placerez à des endroits bien visibles. Lisez-les à voix haute à chaque fois que vous les voyez.

- Fabriquez-vous des cartes sur lesquelles vous écrirez la question d'un côté, sa réponse de l'autre. Entraînez-vous et testez-vous.

- Recopiez les questions et leurs réponses. Recopiez-les à nouveau. Écrire un texte en facilite sa mémorisation.

- Entraînez-vous avec une autre personne et interrogez-vous mutuellement aussi souvent que possible.

Une pratique biblique

Dans sa lettre aux Galates, Paul écrit : « Que celui à qui l'on enseigne la Parole donne une part de tous ses biens à celui qui l'enseigne. » (Galates 6 : 6). Le mot grec pour « celui à qui l'on enseigne » est *katechoumenos* : celui qui est catéchisé. En d'autres termes, Paul parle d'un ensemble de doctrines chrétiennes (caté- chisme) qui étaient enseignées par un professeur (ici, un catéchète). L'expression « tous ses biens » inclut sans doute le soutien financier. Sachant cela, le terme *koinoneo* (« partager » ou « être en commu- nion ») en devient plus riche encore. Le salaire d'un enseignant de la Parole ne doit pas être vu simplement comme une rétribution, mais comme une « communion ». Le service de la catéchèse n'est pas qu'une source de revenus, mais aussi une riche communion et un partage mutuel des dons offerts par Dieu.

Si nous renouons avec cette pratique biblique dans nos Églises, nous constaterons que la Parole de Dieu, à nouveau, « habite en [nous] dans toute sa richesse » (Colossiens 3 : 16). En effet, la pratique de la catéchèse permettra à la Vérité de s'enraciner profondément dans nos cœurs, et dès que nous commencerons à réfléchir par nous-mêmes, notre réflexion se fera sur la base de cette vérité biblique.

Quand mon fils Jonathan était petit, nous avons commencé, ma femme Kathy et moi, à lui apprendre un catéchisme pour enfants. Au début, nous ne travaillions que sur les trois premières questions :

Question 1 : *Qui t'a créé ?*
Réponse : Dieu.

Question 2 : *Qu'a-t-il fait d'autre ?*
Réponse : Dieu a créé toute chose.

Question 3 : *Pourquoi Dieu t'a-t-il créé toi et toutes les autres choses ?*
Réponse : Pour sa propre gloire.

Un jour, alors que Kathy avait déposé Jonathan chez sa baby-sitter, celle-ci le surprit à regarder par la fenêtre et lui demanda : « À quoi est-ce que tu penses ? ». Jonathan répondit : « À Dieu ». Surprise, elle demanda encore : « À quoi penses-tu exactement lorsque tu penses à Dieu ? ». Jonathan leva les yeux vers elle et répondit : « À comment il a créé toute chose pour sa propre gloire ». Elle pensait avoir un petit génie spirituel sous la main ! Un petit garçon qui regardait par la fenêtre et contemplait la gloire de Dieu dans sa création !

Bien entendu, ce qui s'était réellement passé, c'était que sa question avait déclenché chez Jonathan un mécanisme de question-réponse. Et il avait répondu en s'aidant du catéchisme. Il n'avait certainement pas la moindre idée de ce que signifiait la « gloire de Dieu ». Mais le concept était déjà ancré dans son esprit et dans son cœur, en attendant de pouvoir être relié à de nouveaux enseignements, de nouvelles connaissances et expériences.

Selon Archibald Alexander, théologien à Princeton au XIXe siècle, ce genre d'enseignement est comme un tas de bois prêt à brûler dans une cheminée. Sans le feu – l'Esprit de Dieu – le bois de chauffage ne s'enflammera pas de lui-même et ne produira ni flammes ni chaleur. Mais sans combustible, il ne peut pas non plus y avoir de feu. Voici pourquoi nous avons besoin de l'enseignement de la catéchèse.

Première partie

Dieu, la création et la chute, la loi

Question 1

Quelle est notre unique assurance dans la vie comme dans la mort?

Notre unique assurance est d'appartenir corps et âme, dans la vie, comme dans la mort, non à nous-mêmes, mais à Dieu, et à notre sauveur Jésus-Christ.

📖 ROMAINS 14:7-8

En effet, aucun de nous ne vit pour lui-même et aucun ne meurt pour lui-même: si nous vivons, c'est pour le Seigneur que nous vivons, et si nous mourons, c'est pour le Seigneur que nous mourons. Ainsi, soit que nous vivions, soit que nous mourions, nous appartenons au Seigneur.

💬 Commentaire

JEAN CALVIN (1509 – 1564)

Mais si nous ne sommes pas à nous-mêmes et appartenons au Seigneur, on voit ce que nous avons à faire pour ne pas errer et comment nous devons orienter tous les aspects de notre vie.

Nous ne nous appartenons pas; que notre raison et notre volonté ne dominent pas dans nos réflexions et nos décisions. Nous ne nous appartenons pas ; n'ayons pas pour objectif ce qui nous plaît selon la chair. Nous ne nous appartenons pas ; oublions-nous nous-mêmes autant que possible, ainsi que tout ce qui nous entoure.

Au contraire, nous sommes au Seigneur ; vivons et mourons pour lui.

Nous sommes au Seigneur ; que sa volonté et sa sagesse dirigent nos actions.

Nous sommes au Seigneur ; que tous les aspects de notre vie soient orientés vers lui comme étant notre unique objectif.

Ô que de bienfaits a reçu la personne qui, sachant qu'elle ne s'appartient pas, a renoncé à l'autonomie et à la domination de sa propre raison pour les remettre à Dieu ! Car la satisfaction d'être maître à bord est la pire peste qui puisse atteindre les êtres humains pour les perdre et les couler ; aussi l'unique havre de salut est-il de ne pas être sage à ses propres yeux, de ne rien attendre de soi, mais seulement de suivre le Seigneur.[2]

TIMOTHY KELLER

Dans l'un de ses textes, Jean Calvin décrit ce qui est au cœur de la marche du chrétien. Il aurait pu pour cela nous dresser une liste des commandements auxquels nous devrions obéir ou de tous les traits de caractère que nous devrions manifester. Mais il ne le fait pas. Il préfère plutôt évoquer la motivation première et le principe fondamental qui définissent ce que signifie vivre la vie chrétienne.

Voici la motivation première : Dieu a envoyé son Fils afin de nous sauver par grâce et nous adopter dans sa famille. En raison de cette grâce et par reconnaissance, nous voulons ressembler à notre Père. Et nous voulons ressembler aux autres membres de la famille. Nous voulons ressembler à notre Sauveur. Nous voulons plaire à notre Père.

Le principe fondamental est par conséquent le suivant : nous ne devons pas vivre pour notre propre plaisir. Nous ne devons pas vivre comme si nous nous appartenions à nous-mêmes. Cela implique plusieurs choses. Tout d'abord, cela signifie que nous ne devons pas décider par nous-mêmes de ce qui est bien et de ce qui est mal. Nous abandonnons le droit de décider de cela et faisons pleinement confiance à la Parole de Dieu. Nous abandonnons aussi le principe de fonctionnement que nous utilisons habituellement dans notre vie quotidienne : nous ne nous plaçons plus à la première place. Nous cherchons en effet avant toutes choses ce qui plaît à Dieu et ce qui manifeste de l'amour envers notre prochain. Cela signifie également qu'il n'y a aucun domaine de notre vie qui puisse échapper au don de soi. Nous devrions nous offrir entièrement à Dieu, corps et âme. Ce qui signifie que nous lui faisons confiance envers et contre tout, dans les bons et les mauvais moments, dans la vie et dans la mort.

Et quel lien existe-t-il entre la motivation et le principe ? Puisque nous sommes sauvés par grâce, nous ne nous appartenons pas. Un jour, quelqu'un m'a dit : « Si je pensais pouvoir moi-même me sauver par mes actions, si je pouvais contribuer à mon salut, alors Dieu ne pourrait rien me demander parce que j'aurais déjà apporté ma contribution et participé à mon salut. Mais si je suis sauvé par grâce, par pure grâce, alors il n'y a rien qu'il ne puisse me demander. » Et c'est vrai. Vous ne vous appartenez pas. Vous avez été racheté à grand prix.

Il y a quelques années, j'ai entendu un orateur chrétien dire : « Comment peut-on comprendre quelqu'un qui s'est donné entièrement pour nous sans se donner soi-même entièrement à lui ? »

Jésus s'est donné pleinement pour nous. Ainsi devons-nous maintenant nous donner pleinement à lui.

✋ Prière

Seigneur, toi la source de notre ferme assurance, dans la vie comme dans la mort, nous nous en remettons à ton amour plein de grâce. Tu es notre père et tu prends soin de nous. Tu nous aimes car nous t'appartenons. Tu es notre seul bien, et nous ne pourrions demander plus beau cadeau que celui de t'appartenir. Amen.

Question 2

Qu'est-ce que Dieu ?

Dieu est le créateur et le soutien de toute chose et de tout être humain. Il est éternel, infini et immuable dans sa puissance et sa perfection, dans sa bonté et sa gloire, dans sa sagesse, sa justice et sa vérité. Rien n'arrive si ce n'est par lui et par sa volonté.

📖 PSAUMES 86 : 8-10, 15

> Personne n'est comme toi parmi les dieux, Seigneur,
> et rien n'est comparable à ta manière d'agir.
> Toutes les nations que tu as faites viendront
> se prosterner devant toi, Seigneur,
> pour rendre gloire à ton nom,
> car tu es grand, tu accomplis des merveilles.
> Toi seul, tu es Dieu [...]
> Mais toi, Seigneur, tu es un Dieu de grâce et de compassion,
> lent à la colère, riche en bonté et en vérité.

💬 Commentaire

JONATHAN EDWARDS (1703 – 1758)

Il ne fait nul doute que le Créateur de ce monde en est également le Gouverneur. Celui qui, par son pouvoir, a donné existence au monde, celui qui en a établi et ordonné toutes ses parties, possède sans aucun doute le pouvoir d'agencer ce monde, en maintenant l'ordre qu'il a établi, ou en le modifiant. Celui qui le premier a établi les lois de la nature tient dans ses mains la nature dans sa totalité. C'est pourquoi il est évident que Dieu tient le monde dans ses mains afin d'en faire ce que bon lui semble [...]

C'est une réalité incontestable : Dieu se préoccupe des affaires et des préoccupations du monde qu'il a créé. En effet, il s'en souciait déjà lors de la création ; lorsqu'on considère la méthode et l'ordre dans lesquels les choses ont été créées, il est évident que dans l'acte même de création, Dieu s'occupait déjà du progrès futur et de l'état des choses du monde.[3]

D. A. CARSON

Il est absolument merveilleux de parler de Dieu et de penser à lui. Il n'y a pas de sujet plus noble. Mais le mot « Dieu » lui-même n'est pas codé ou vide de sens. Le fait que deux personnes utilisent ce même mot, « Dieu », n'implique pas pour autant qu'elles parlent de la même chose. Pour certains, Dieu n'est qu'un sentiment inexprimable, ou la cause première à l'origine de l'univers, ou encore l'être transcendant par excellence. Mais ce dont nous parlons ici, c'est du Dieu de la Bible, et le Dieu de la Bible s'est défini lui-même. Il se décrit comme étant éternel et juste. Il est le Dieu d'amour. Il est le Dieu transcendant, c'est-à-dire qu'il est au-delà de l'espace, du temps et de l'Histoire. Et pourtant, il est le Dieu immanent : il se tient si près de nous qu'il est impossible de lui échapper. Il est partout. Il est immuable. Il est vrai. Il est fidèle. C'est un Dieu personnel.

Dieu ne s'est pas révélé uniquement par des mots, mais aussi au travers de toute l'histoire du grand récit biblique. Il est donc essentiel de voir et de comprendre qu'il ne nous est pas permis de privilégier un des attributs de Dieu par rapport aux autres. Nous ne pouvons pas, par exemple, mettre en avant sa souveraineté et oublier sa bonté. Ou choisir sa bonté et oublier sa sainteté (sa sainteté est ce qui fait de lui le Dieu qui va juger). Ou choisir son jugement, voire la sévérité de son jugement, et oublier qu'il est le

Dieu d'amour, le Dieu qui a tant aimé, même ses créatures rebelles, jusqu'à envoyer son Fils afin qu'il porte leur péché dans son propre corps, sur la croix.

En d'autres termes, si nous voulons comprendre le cœur de la nature de Dieu, et nous prosterner devant lui en ayant au moins une connaissance partielle de qui il est, nous devons bien réfléchir à tout ce que la Bible répète sans cesse. Nous devons avoir à l'esprit l'ensemble des caractéristiques de Dieu selon l'équilibre et les proportions donnés dans les Écritures. Cela nous mènera à l'adoration. Mais si nous remplaçons Dieu par quoi que ce soit d'autre, nous tomberons dans ce qui est par définition de l'idolâtrie.

✍ Prière

Notre Créateur et notre Soutien, toi seul maintiens toute chose en existence. La plus petite des créatures, tu la connais, et la plus puissante des armées marche à ton commandement. Tu règnes avec justice. Aide-nous à avoir confiance en ta bonté dans tout ce que tu ordonnes. Amen.

Question 3

Combien y a-t-il de personnes en Dieu?

Il y a trois personnes dans le Dieu vivant, unique et vrai. Le Père, le Fils et le Saint-Esprit qui sont d'une même substance, égaux en puissance et en gloire.

📖 2 CORINTHIENS 13:13

Que la grâce du Seigneur Jésus-Christ, l'amour de Dieu et la communion du Saint-Esprit soient avec vous tous!

💬 Commentaire

RICHARD BAXTER (1615 – 1691)

Le grand mystère de la Sainte Trinité, Père, Fils et Saint-Esprit étant un seul Dieu, s'impose à nous comme devant être reçu par la foi, pas seulement quant à sa nature éternelle et insondable, mais surtout pour connaître les trois grands domaines dans lesquels Dieu œuvre en faveur des hommes: il est notre Créateur et le Dieu de la nature; il est notre Rédempteur et le Dieu de la grâce qui dirige et réconcilie; il est notre Sanctificateur et celui qui applique et parfait toute chose afin de nous préparer à la gloire [...]

Dieu est un Esprit unique, infini et indivisible; et pourtant, nous devons croire qu'il est aussi Père, Fils et Saint-Esprit [...]

Comment établir le fait que le Saint-Esprit soit Dieu ? Nous devons être pleinement convaincus à son sujet, comme nous le sommes concernant le Père et le Fils, et le fait qu'il accomplit les œuvres de Dieu et possède ses attributs dans les Écritures.[4]

KEVIN DEYOUNG

De toutes les doctrines souvent délaissées par les chrétiens, celle de la Trinité est la plus importante. Cette doctrine est absolument essentielle à notre foi et pourtant, pour beaucoup de chrétiens, elle ressemble plutôt à un problème mathématique complexe. Et même si nous parvenons à comprendre ce que Trinité veut dire, il ne semble pas que cela ait tellement d'incidence sur notre vie et énormément d'importance pour nous chrétiens.

Le mot « trinité », comme on le sait, ne se trouve pas dans la Bible, mais il permet d'appréhender un certain nombre de vérités bibliques. La doctrine de la Trinité peut en fait être définie à partir des sept affirmations suivantes :

1. Dieu est un. Il n'y a qu'un seul Dieu.
2. Le Père est Dieu.
3. Le Fils est Dieu.
4. Le Saint-Esprit est Dieu.
5. Le Père n'est pas le Fils.
6. Le Fils n'est pas l'Esprit.
7. L'Esprit n'est pas le Père.

Si nous comprenons ces sept affirmations, alors nous avons saisi ce qu'est la doctrine de la Trinité et pourquoi nous disons qu'il y a un seul Dieu mais trois personnes.

Les chrétiens sont monothéistes. Nous ne croyons pas en l'existence de plusieurs dieux, ni en un panthéon de dieux, mais en un seul Dieu. Et ce Dieu se manifeste et existe à travers trois personnes. Le terme « personnes » est très important. L'Église primitive a eu des difficultés à trouver le mot approprié, et celui de « personnes » rend bien compte du caractère personnel des trois membres de la Trinité, ainsi que de leur relation mutuelle :

le Père, le Fils et le Saint-Esprit participent d'une même essence et sont pourtant distincts. L'un n'est pas l'autre, mais ils sont égaux en rang, égaux en puissance, égaux en gloire, égaux en majesté. Jésus envoie les disciples baptiser au nom du Père, du Fils et du Saint-Esprit : la doctrine de la Sainte Trinité est présente à travers toute l'Écriture.

La question suivante peut être encore plus déconcertante pour la plupart des gens : « En quoi cela importe-t-il vraiment ? D'accord, je comprends qu'il y en ait trois en un et un en trois. Mais quelle différence cela fait-il concrètement dans ma vie chrétienne ? » En gardant une approche trinitaire, je dirais que cette doctrine signifie pour nous trois choses importantes.

Premièrement, la Trinité nous aide à comprendre comment il peut y avoir unité dans la diversité. C'est l'une des questions les plus cruciales pour notre société. Certains se focalisent aujourd'hui presque exclusivement sur la notion de diversité, sur le fait que les gens sont si différents les uns des autres. Ils ne perçoivent aucun dénominateur commun. D'autres réclament une totale uniformité d'opinions, de gouvernements et d'expressions. La Trinité nous prouve qu'il peut exister, au sein de la diversité, une profonde unité, une unité réelle et organique. C'est ainsi que le Père, le Fils et le Saint-Esprit peuvent travailler en parfait accord à notre salut. Le Père appelle. Le Fils a accompli. L'Esprit met en œuvre. Dieu est pleinement Dieu dans le Père, dans le Fils et dans le Saint-Esprit. Et pourtant, leurs fonctions divines ne sont pas interchangeables et ne font pas double emploi.

Deuxièmement, si nous avons un Dieu trinitaire, alors l'amour est éternel. L'amour existe depuis toujours. Si nous avons un Dieu qui n'est pas constitué de trois personnes, il doit alors créer un être à aimer afin que cet être devienne une expression de son amour. Mais le Père, le Fils et le Saint Esprit, existant de toute éternité, ont toujours eu cette relation d'amour. L'amour n'a donc pas été créé. Dieu n'avait pas à chercher en dehors de lui-même pour pouvoir aimer. L'amour est éternel. Et si nous avons un Dieu trinitaire, alors nous avons véritablement un Dieu qui est amour.

Enfin, et plus important encore, la doctrine de la Trinité est cruciale pour le chrétien car il n'y a rien de plus important au monde que de connaître Dieu. Si Dieu existe comme un Dieu unique en trois personnes, si l'essence divine subsiste en tant que Père, Fils et Saint-Esprit, et si nous sommes baptisés en ce nom trinitaire, alors aucun chrétien ne devrait ignorer ces réalités trinitaires. En fin de compte, nous devons prendre la doctrine de la Trinité au sérieux, car nous devons prendre Dieu au sérieux !

Prière

Père, Fils et Esprit, tu dépasses notre entendement. Merci de nous avoir inclus dans ton amour, un amour qui existait au sein de ta Trinité parfaite avant que le monde n'existe. Amen.

Question 4

Comment et pourquoi Dieu nous a-t-il créés?

Dieu nous a créés hommes et femmes à son image pour que nous le connaissions, l'aimions, vivions avec lui et le glorifiions. Il est juste que nous, qui avons été créés par Dieu, vivions pour sa gloire.

📖 GENÈSE 1:27

Dieu créa l'homme à son image, il le créa à l'image de Dieu. Il créa l'homme et la femme.

💬 Commentaire

JOHN CHARLES RYLE (1816 – 1900)

La gloire de Dieu est la première chose à laquelle les enfants de Dieu devraient aspirer. C'est l'objet de l'une des prières de notre Seigneur: « Père, glorifie ton nom! » (Jean 12:28). C'est la raison pour laquelle le monde fut créé. C'est la finalité pour laquelle les saints sont appelés et régénérés. C'est ce que nous devrions rechercher avant toute autre chose, « qu'en toutes choses Dieu soit glorifié » (1 Pierre 4:11).

[…] Tout ce qui nous permet de glorifier Dieu est un talent. Nos dons, notre influence, notre argent, notre savoir, notre santé, notre force, notre temps, nos sens, notre raison, notre intelligence, notre mémoire, nos affections, nos privilèges en tant que membres de l'Église du Christ, nos avantages en tant que détenteurs de la Bible – tous, tous sont des talents. Et d'où proviennent toutes ces choses ? Quelle main nous les a accordées ? Pourquoi sommes-nous ce que nous sommes ? Pourquoi ne sommes-nous pas les petits vers qui rampent sur le sol ? Il n'existe qu'une seule réponse à toutes ces questions. Tout ce que nous avons reçu, Dieu nous l'a prêté. Nous sommes les intendants de Dieu. Nous sommes ses débiteurs. Que cette pensée s'enracine profondément dans nos cœurs.[5]

JOHN PIPER

Nous cherchons souvent à reproduire ce qui existe. Mais pourquoi souhaitons-nous tant que nos créations ressemblent à leur modèle ? Nous aimons imiter. Si un artiste réalise une statue de Napoléon, il désire que les gens voient dans son œuvre non pas avant tout une belle statue, mais Napoléon lui-même. Et si on réalise une statue de Napoléon, c'est généralement pour en révéler une caractéristique particulière.

Dieu nous crée à son image et à sa ressemblance. Nous pourrions longuement débattre pour savoir si c'est notre raison, notre sens moral ou notre volonté qui fait que nous lui ressemblons. Le fait est que Dieu crée les hommes à son image afin qu'ils lui ressemblent. Ainsi, notre vie a pour but de témoigner de l'existence de Dieu, ou, plus précisément, de révéler la gloire de Dieu. Cela, selon moi, signifie révéler les innombrables perfections de Dieu : l'éclat, le reflet, l'abondance de ses magnifiques et multiples perfections. Nous voulons penser, vivre, agir et parler de manière à attirer l'attention sur les innombrables perfections de Dieu. Et je pense que le meilleur moyen d'y parvenir, c'est en étant nous-mêmes pleinement comblés par ces perfections. Elles ont à nos yeux plus de valeur que l'argent, plus de valeur que la gloire, et plus de valeur que le sexe ou que tout ce qui pourrait détourner notre affection. Et quand les gens voient que Dieu est si précieux à nos yeux, et à quel point sa gloire nous comble, ils comprennent alors qu'il est notre trésor. Et ils voudront en voir toujours plus ! Je pense que c'est cela que veut dire glorifier Dieu en étant à son image et à sa ressemblance.

C'est dans *l'Évangile* que la gloire de Dieu se manifeste le plus clairement. Plus précisément lorsque le Christ meurt : le Fils de Dieu meurt pour des pécheurs. En effet, il est dit en 2 Corinthiens 4 : 4 que « le dieu de ce monde », c'est-à-dire Satan, « a aveuglé l'intelligence [des incrédules] afin qu'ils ne voient pas briller l'éclat que projette l'Évangile de la gloire de Christ, qui est l'image de Dieu. » Et savez-vous où la gloire de Dieu brille avec le plus d'éclat ? C'est en Christ, dans l'Évangile, qu'elle resplendit avec le plus d'éclat. Alors, si nous voulons vraiment nous laisser façonner à son image et manifester ainsi sa gloire autour de nous, un verset du chapitre précédent nous apprend que si nous « contemplons, comme dans un miroir, la gloire du Seigneur, nous sommes transformés à son image, de gloire en gloire » (2 Corinthiens 3 : 18). Et ceci est l'œuvre de l'Esprit.

Alors, nous tournons nos yeux vers Jésus, nous faisons de lui notre trésor, nous l'aimons, et ce faisant nous sommes façonnés à son image.

Dieu dit qu'il nous a fait hommes et femmes afin que nous accomplissions cela. Cela signifie que non seulement chaque génération doit y contribuer – et la procréation permettra une telle continuité – mais aussi que la communauté est le lieu le plus favorable pour cela. Il n'est pas bon que l'homme soit seul. Auprès de qui va-t-il glorifier Dieu ? Ainsi, cette petite communauté, créée au commencement et constituée d'un homme et d'une femme, est une image de la communauté au sein de laquelle la gloire de Dieu rayonne continuellement, d'abord entre ses membres, puis dans le monde.

Travaillons à cela ensemble. Aidons-nous les uns les autres à glorifier Dieu.

🖐 Prière

Créateur de toutes choses, ne nous permets pas d'oublier que nous, ainsi que chaque être humain que tu as fait, avons été créés à ton image. Ne nous laisse jamais tomber dans le doute à ce sujet. Ne nous laisse jamais douter de cette vérité à propos d'un autre homme, ou d'une autre femme. Car douter ainsi, ce serait contester la gloire qui est due à ton nom. Ta ressemblance est comme une lueur visible en nous et elle témoigne du fait que nous t'appartenons, corps et âme. Amen.

Question 5

Qu'est-ce que Dieu a créé d'autre?

Dieu a créé toute chose par sa Parole puissante; toute sa création était très bonne et prospérait sous son règne bienveillant.

📖 GENÈSE 1:31

Dieu regarda tout ce qu'il avait fait, et il constata que c'était très bon.

🗨 Commentaire

JEAN CALVIN (1509 – 1564)

À travers tout l'édifice du monde, Dieu nous a donné des preuves évidentes de sa sagesse, de sa bonté et de sa puissance éternelles. Étant invisible lui-même, Dieu nous apparaît en quelque sorte en ses œuvres. C'est pourquoi le monde est bien à propos appelé miroir de la divinité. Non pas que les hommes aient l'entendement suffisamment éclairé pour connaître Dieu dans sa totalité en regardant le monde, mais il se manifeste ainsi pour que l'ignorance des impies ne trouve pas d'excuses. Et les fidèles, auxquels il a donné des yeux, contemplent les étincelles de sa gloire qui resplendissent en chaque créature. Le monde, à la vérité, a été créé afin qu'il soit le théâtre de la gloire de Dieu.[6]

R. KENT HUGHES

Je commence parfois mon temps de culte personnel en réfléchissant à la grandeur extraordinaire et stupéfiante de l'univers. Je pense au fait que notre petite galaxie contient à elle seule cent milliards d'étoiles, qu'il y a cent milliards d'autres galaxies contenant chacune cent milliards d'étoiles, que toutes ces galaxies, y compris la nôtre, ont des diamètres de cent années-lumière, et que trois millions d'années-lumière les séparent les unes des autres. C'est absolument prodigieux et incroyable.

Les premiers mots de l'Ancien Testament sont les suivants : « Au commencement, Dieu créa le ciel et la terre. » (Genèse 1 :1). En juxtaposant deux termes opposés, le ciel et la terre, il veut dire que Dieu a tout créé. On pourrait donc tout à fait lire cela ainsi : « Au commencement, Dieu créa l'univers. » Puis Dieu dit que cela était bon. Mais il dit plus encore : il dit que cela était très bon.

Lorsque l'on se tourne vers le Nouveau Testament et la révélation plus complète en Jésus-Christ, on apprend que l'univers a été créé par le Christ lui-même. Ainsi, le début de l'évangile de Jean dit : « Au commencement, la Parole existait déjà. La Parole était avec Dieu et la Parole était Dieu. Elle était au commencement avec Dieu. Tout a été fait par elle et rien de ce qui a été fait n'a été fait sans elle. » Ce que Jean nous présente ici, c'est un Christ cosmique, le Créateur de toutes choses. En effet, l'apôtre Paul résume cela en 1 Corinthiens 8 :6, quand il dit que nous devons notre existence au seul Dieu et Père, et à notre unique Seigneur Jésus-Christ. Notre vie tout entière dépend d'eux.

Et puis nous lisons, en Colossiens 1 :16-17, cet hymne magistral qui exalte Jésus : « En effet, c'est en lui que tout a été créé dans le ciel et sur la terre, le visible et l'invisible, trônes, souverainetés, dominations, autorités. Tout a été créé par lui et pour lui. Il existe avant toutes choses et tout subsiste en lui. »

J'ai souvent pensé que, si je pouvais un jour réquisitionner le vaisseau Enterprise de *Star Trek*, voyager dans notre galaxie à travers la Voie lactée, puis accélérer jusqu'à atteindre la vitesse de la lumière puissance dix, de telle sorte que les galaxies défileraient à toute allure dans mes rétroviseurs (tels des piquets de clôture sur une route bien droite), si je pouvais enfin atteindre le coin le plus reculé de l'univers, prendre la première à droite et y trouver un grain de poussière stellaire, il aurait lui aussi été créé par le Christ et soutenu par le Christ. Tout est créé par le Christ. Les feux de l'étoile Arcturus, et ceux qui font briller les petites lucioles, toutes les matières, toutes les formes, tout ce qui existe dans le ciel et sur la terre, sous la terre et sous la mer, absolument tout est créé et soutenu par lui.

Et cela signifie que, puisqu'il est le Créateur de toutes choses, tout bénéficie de ses soins aimants et bienveillants. Et rappelons-nous qu'en tant qu'êtres humains, apogée de la création, nous avons été faits à l'image de Dieu. Mais en tant que peuple régénéré, nous sommes également à l'image du Christ. Nous pouvons nous confier en sa bonté et en son grand pouvoir créationnel, car il contrôle toute vie, et nous pouvons nous épanouir en lui.

Prière

Seigneur, toi qui as créé le monde par ta Parole, nous sommes émerveillés par ta création, bien que celle-ci ait été corrompue. Ta beauté se révèle à travers la splendeur des étoiles. Ta puissance se manifeste dans la force de l'ouragan. Ta nature ordonnée se voit jusque dans les lois mathématiques. Que tout ce qui respire loue l'Éternel pour les œuvres de ses mains. Amen.

Question 6

Comment pouvons-nous glorifier Dieu?

Nous glorifions Dieu en trouvant notre plaisir en lui, en l'aimant, en lui faisant confiance et en obéissant à sa volonté, à ses commandements et à sa loi.

📖 DEUTÉRONOME 11:1

Tu aimeras l'Éternel, ton Dieu, et tu respecteras toujours ses ordres, ses prescriptions, ses règles et ses commandements.

💬 Commentaire

RICHARD SIBBES (1577 – 1635)

Puisque tout ce que nous recevons vient de Dieu, nous devrions tout déposer à ses pieds et déclarer: «Je ne vivrai pas sur une voie de péché qui sera incompatible avec la bienveillance de mon Dieu» [...]

Lorsque par l'Esprit, le cœur est renouvelé, qu'il s'élargit, et qu'il devient subordonné à Dieu en Christ, alors nous trouvons la véritable liberté. Quelle position exquise pour l'homme que de voir son cœur assujetti à Dieu, et attiré par lui, parce que le Dieu de toute grâce le rend libre! Dieu fera de sa gloire notre aspiration, puis il nous accordera la grâce et la gloire.[7]

BRYAN CHAPELL

Si nous voulons rendre gloire à Dieu, nous devons agir selon ce qu'il a ordonné, et croire ce qu'il a révélé.

Pour comprendre ce que veut dire rendre gloire à Dieu en faisant ce qu'il a ordonné, nous devons nous rappeler ce qu'il a désigné comme le plus grand des commandements : l'aimer par-dessus tout et marcher avec lui à travers toutes les difficultés de la vie. Notre Seigneur Jésus n'a-t-il pas lui-même dit : « Tu aimeras le Seigneur, ton Dieu, de tout ton cœur, de toute ton âme et de toute ta pensée. C'est le premier commandement et le plus grand. Et voici le deuxième, qui lui est semblable : Tu aimeras ton prochain comme toi-même » (Matthieu 22 : 37).

Si nous désirons sincèrement honorer notre Sauveur, nous devons agir selon ce qu'il a ordonné. Mais cela ne signifie pas obéir juste parce que nous risquons d'être punis. Non, c'est comprendre à quel point son amour pour nous est grand, de sorte que, par amour pour lui, nous désirons marcher à ses côtés. Si nous comprenons cela, nous dirons : « J'ai compris que, parce qu'il m'a tant aimé, la réponse de mon cœur est de l'aimer en retour. »

En agissant ainsi, je n'honore plus Dieu parce que je suis motivé par la crainte : « Oh non, il va me punir si je n'obéis pas ! » Motivé par la crainte, je lui obéirais peut-être, mais je ne ferais pas de lui mes délices. Non, le véritable amour pour Dieu consiste à trouver mon plaisir dans sa loi. J'ai compris que ce que Dieu m'offre lorsqu'il dit « Marche avec moi », c'est un chemin sûr et bon pour ma vie. Et c'est cela qu'impliquent véritablement les commandements de Dieu. Ils nous expliquent, en révélant sa nature et son amour, que Dieu nous indique un chemin sûr pour notre vie. Si nous nous en écartons, nous en subissons bien sûr les conséquences, car son chemin est sûr et bon. Et pourtant, nous ne restons pas sur ce chemin parce que nous pensons, d'une certaine manière, y gagner son affection. Non. Nous saisissons au contraire la grandeur de son amour pour nous à travers Christ, et en particulier à travers son sacrifice pour nos péchés. Et quand nous comprenons que sa loi et ses commandements reflètent la nature de Dieu et son amour pour nous, alors nous prenons plaisir à marcher sur ce chemin, car nous y découvrons toute la bonté de notre Dieu. À cause de cela, peu importe ce que je dois affronter, j'aime Dieu dans tous les domaines de ma vie, et je veux marcher avec lui à chaque instant de ma vie. De cette façon, non seulement je l'honore en le glorifiant parce que je reconnais la grandeur de son amour pour moi, mais je manifeste également mon amour pour lui en marchant sur son chemin. Et en réalité, je fais cela non par contrainte, mais afin de jouir de sa bonté pour mon cœur et ma vie.

Très souvent, les gens pensent qu'ils rendent gloire à Dieu lorsqu'ils se résignent à courber la nuque et à faire des choses qu'ils détestent de peur que Dieu ne les frappe. Ou alors, ils font ce qui, selon eux, plaît à Dieu, afin de recevoir de bonnes choses en récompense. «Si je fais cela, je serais protégé ou avantagé». Mais aucun de ces deux types d'égocentrisme «sanctifié» n'est véritablement amour de Dieu. Une fois que j'ai compris que Dieu a donné son Fils pour moi, qu'il m'a révélé sa nature et son amour, je comprends que l'aimer et faire de lui mes délices implique que je prendrai plaisir à marcher sur le chemin sûr et bon qu'il a tracé pour ma vie.

Je marcherai avec lui et l'aimerai dans tout ce qu'il exigera de moi, car ce faisant, je prendrai véritablement plaisir dans le chemin qu'il m'a préparé, celui qui mène à la vie abondante qu'il désire me donner.

Prière

Dieu de grâce, nous voulons te connaître pleinement et trouver notre plaisir en toi. Ouvre nos yeux : nous voulons te voir tel que tu es afin de te faire confiance et de désirer de tout notre être garder tes commandements. Que ce soient nos petits gestes de générosité ou de grands exploits courageux, que tous nos actes d'obéissance te rendent gloire. Amen.

Question 7

Que demande la loi de Dieu?

Une obéissance parfaite, personnelle et perpétuelle; la loi de Dieu nous demande de l'aimer de tout notre cœur, de toute notre âme, de toute notre pensée et de toute notre force, et d'aimer notre prochain comme nous-même. Nous ne devons jamais faire ce que Dieu interdit, et toujours faire ce que Dieu ordonne.

📖 MATTHIEU 22:37-40

Jésus lui répondit: «Tu aimeras le Seigneur, ton Dieu, de tout ton cœur, de toute ton âme et de toute ta pensée. C'est le premier commandement et le plus grand. Et voici le deuxième, qui lui est semblable: Tu aimeras ton prochain comme toi-même. De ces deux commandements dépendent toute la loi et les prophètes.»

💬 Commentaire

JOHN WESLEY (1703 – 1791)

Aimer le Seigneur Dieu de tout son cœur, de toute sa pensée, de toute son âme, et de toute sa force, voilà le premier fondement de la vie chrétienne. Fais de l'Éternel ton Dieu tes délices; cherche et trouve toute ta joie en lui. Écoute et mets en pratique sa Parole: «Mon fils, donne-moi ton cœur». Et après lui avoir cédé ton âme tout entière afin qu'il puisse y régner sans rival, du plus profond de ton cœur tu pourras alors t'exclamer: «Je t'aime, Éternel, ma force! L'Éternel est mon roc; mon libérateur, mon Dieu, où je me réfugie!» Le deuxième commandement — le deuxième grand fondement de la vie chrétienne — est intimement et indissociablement lié au premier: «Tu aimeras ton prochain comme toi-même». Aimer — étreindre, avec la plus tendre bienveillance, avec la plus fervente et cordiale affection, avec un désir ardent de prévenir ou d'éliminer tout mal et de susciter toutes sortes de bien. Ton prochain — non seulement tes amis, ta famille, ou tes connaissances; non seulement les hommes vertueux qui t'estiment et te témoignent ou te rendent de l'affection, mais toutes personnes, y compris celles que tu n'as jamais vues ou dont tu ne connais pas le nom; sans exclure celles que tu sais être méchantes et ingrates, celles qui te maudissent et te maltraitent. Même elles, tu les aimeras comme toi-même, avec une même soif inaltérable de les bénir. Fais preuve, inlassablement, du même désir de les protéger de tout ce qui pourrait affliger ou blesser leur âme, ou leur corps. Voilà ce qu'est l'amour.[8]

MATTHIEU SANDERS

Toute réflexion sur la Loi de Dieu doit avoir pour point de départ les attributs de Dieu. Le Dieu de la Bible se révèle comme parfaitement saint, juste, et bon.

Confesser cela nous ramène à un fondement biblique incontournable: nous sommes créatures, créées à l'image de Dieu. Par conséquent, toute qualité morale chez l'homme – reconnue à la lumière de ce que l'Écriture appelle bon – est un reflet limité des attributs de Dieu.

Ainsi, la Loi de Dieu, au-delà des commandements spécifiques qui nous sont rapportés par l'Écriture, n'est pas autre chose que l'expression, pour l'homme, de ce qui est bon aux yeux de Dieu. Obéir à la Loi de Dieu devrait en conséquence faire notre plus grande joie. Car il ne s'agit pas pour nous de nous soumettre à des injonctions arbitraires, mais plutôt de vivre ce pour quoi nous avons été créés: une vie qui reflète la volonté et les qualités de notre Créateur. C'est à ce « recentrage » salutaire que fait allusion le Deutéronome en évoquant l'amour de Dieu dans tout ce que nous sommes et faisons (Deutéronome 6 : 5-6). C'est pour cela que Jésus, lorsqu'on lui demande quel est « le plus grand commandement » (Matthieu 22 : 37), cite ce même texte pour revenir à ce qui est au cœur même de la Loi : l'amour de Dieu. Or, à l'image de l'amour parfaitement généreux de Dieu, cet amour rejaillit nécessairement dans l'amour du prochain. Si nous reconnaissons en notre prochain l'œuvre créatrice d'un Dieu que nous aimons de tout notre cœur, comment pourrons-nous lui demeurer hostiles ou indifférents ?

Cependant, les Écritures nous révèlent, et notre expérience nous confirme, que nous sommes spontanément réticents à nous soumettre à Dieu. Comme nos premiers parents, nous avons tous, d'une manière ou d'une autre, cherché à nous substituer à Dieu en définissant pour nous-même ce qui est bon et ce qui est mauvais (Genèse 3 : 5). Ce péché, qui atteint tous les hommes (Romains 3 : 23), nous place dans une situation désespérante : nous sommes tous trouvés coupables, inéluctablement fautifs face à la loi parfaite et sainte de Dieu (Matthieu 12 : 34-37 ; Galates 3 : 11-13 ; Romains 3 : 19).

Mais Dieu a choisi de se réconcilier avec nous. Il l'a fait en faisant porter par son Fils Jésus-Christ, venu dans notre condition humaine, notre condamnation, exigée par cette même Loi. Cette substitution ouvre pour nous la voie inespérée d'un plein pardon et d'une relation de paix avec Dieu (Romains 5.1). Mais la Bonne Nouvelle va plus loin encore. En nous libérant de la condamnation du péché, et en nous donnant son Saint-Esprit, Dieu nous rend capables – encore imparfaitement, mais dans l'espérance – de vivre d'une manière qui lui plaît (Romains 8.3-4), et ainsi de retrouver notre vocation première de créature à son image. Ainsi sont accomplies les promesses annoncées par les prophètes : celles d'une nouvelle ère dans laquelle la Loi de Dieu sera inscrite dans le cœur de l'homme, devenu désireux d'aimer Dieu et de lui obéir (Jérémie 31 : 31-34 ; Ézéchiel 36 : 26-27). Dieu nous a aimés le premier (1 Jean 4 : 19), et, par amour, nous a rendus capables de l'aimer et le servir en retour !

🤚 Prière

Grand Créateur de la loi, tu nous as donné une loi parfaite et tu mérites une parfaite obéissance. Ne nous laisse pas penser que ta loi exige uniquement une soumission extérieure : elle ordonne le consentement le plus complet de notre pensée et de notre cœur. Qui pourrait être à la hauteur d'une telle ambition ? Nous confessons que nous sommes totalement incapables de garder ta loi. Amen.

Question 8

Quelle est la loi de Dieu présentée dans les dix commandements?

Tu n'auras pas d'autres dieux devant moi. Tu ne te feras pas de sculpture sacrée ni de représentation de ce qui est en haut dans le ciel, en bas sur la terre et dans l'eau plus bas que la terre. Tu ne te prosterneras pas devant elles et tu ne les serviras pas. Tu n'utiliseras pas le nom de l'Éternel, ton Dieu, à la légère. Souviens-toi de faire du jour du repos un jour saint. Honore ton père et ta mère. Tu ne commettras pas de meurtre. Tu ne commettras pas d'adultère. Tu ne commettras pas de vol. Tu ne porteras pas de faux témoignage contre ton prochain. Tu ne convoiteras pas.

📖 EXODE 20:3

Tu n'auras pas d'autres dieux devant moi.

💬 Commentaire

JOHN BUNYAN (1628 – 1688)

Le danger ne réside pas dans la violation d'un ou de plusieurs des dix commandements, mais dans la transgression de n'importe lequel d'entre eux. Comme vous le savez, si un roi donne dix ordres spécifiques auxquels ses sujets se doivent d'obéir sous peine de mort, et si un homme transgresse n'importe lequel d'entre eux, il commet une trahison. C'est comme s'il avait enfreint tous les ordres du roi, et il sera sans aucun doute passible de la sentence de la loi, tout comme s'il avait enfreint chacun de ces ordres. [...] Ces choses s'appliquent clairement à la loi de Dieu, puisqu'elles forment un tout : si un homme respecte neuf des commandements mais en viole un seul, la désobéissance à ce commandement l'anéantira certainement, et l'exclura des joies du ciel, comme s'il avait en réalité transgressé tous les commandements [...] Même si pendant des années vous respectez cette alliance ou cette loi, jusque dans les plus petits détails, pendant dix, vingt, quarante, cinquante, soixante ans, mais que malheureusement un jour vous chutez et enfreignez un des commandements, ne serait-ce qu'une seule fois avant de mourir, alors selon les termes de cette alliance vous êtes condamné et perdu [...] Tout comme ceux qui sont sous l'alliance de la grâce seront sans nul doute sauvés par elle, de même ceux qui vivent sous l'alliance des œuvres et de la loi seront sans nul doute condamnés par elle, s'ils persistent dans cette voie.[9]

JOHN YATES

Parce que Dieu nous a créés, nous aime et sait ce qui est bon pour nous, il nous donne ses instructions spirituelles et morales sur la manière de vivre notre vie au mieux. Les dix commandements sont un cadeau d'amour pour nous de la part de Dieu. Évidemment, cela est vrai de toute l'Écriture, mais les dix commandements représentent le cœur et l'âme mêmes des instructions divines. Dieu a transmis ces paroles à Moïse et les enfants d'Israël les ont entendues (Exode 20). Plus tard, Moïse a réaffirmé les dix commandements (Deutéronome 5). Les dix commandements doivent être appris par cœur, nous devons les méditer et nous engager à les adopter comme mode de vie.

Jésus a enseigné le sens profond des dix commandements, il les a rendus encore plus clairs. En expliquant les dix commandements dans les Évangiles, il a placé la barre très haut concernant ce que Dieu attend de nous. Par exemple, en Matthieu 5:21, Jésus explique ce que signifie le commandement « Tu ne commettras pas de meurtre ». Il affirme qu'en réalité, quiconque se met en colère contre son frère sera passible du jugement.

Les quatre premiers commandements traitent de notre relation avec Dieu, et Jésus les résume ainsi : « Tu aimeras le Seigneur, ton Dieu, de tout ton cœur, de toute ton âme et de toute ta pensée. » Les six derniers commandements concernent nos relations humaines, et Jésus les résume dans le commandement suivant : « Tu aimeras ton prochain comme toi-même » (Matthieu 22:37, 39).

Les commandements sont pour nous des trésors. Nous les chérissons. Ils sont un extraordinaire cadeau de Dieu, un gage de son amour. Ils sont là pour nous guider. Ils sont là pour nous avertir et nous protéger. Quand nous les suivons, nous montrons aux autres le caractère de Dieu. Quand nous ne les vivons pas, nous nous faisons terriblement tort à nous-même et nous déshonorons notre Créateur.

Nous avons du mal à suivre les dix commandements parce que l'homme naît sous l'esclavage du péché et de l'égoïsme. Au final, nous ne pouvons nous empêcher de briser la sainte loi de Dieu. Mais lorsque nous devenons une nouvelle créature par la foi en Jésus, nous recevons le Saint-Esprit. Nous sommes alors libérés des liens du péché et Dieu nous accorde la grâce de pouvoir obéir à sa loi. Garder les commandements de Dieu n'est pas une tâche pénible. C'est ce qui nous permet de vivre en paix avec Dieu, avec nous-même et avec notre entourage.

Nous pouvons apprendre à vivre selon les dix commandements quand nous comprenons à quel point ils sont un cadeau de Dieu. C'est comme apprendre à dire la vérité. Quand on est jeune, on a parfois l'impression qu'il est nécessaire de se protéger soi-même en trompant les autres et en cachant la vérité. Mais avec le temps, on apprend à ne pas tromper les gens. On apprend à dire la vérité. On apprend à pratiquer l'honnêteté.

C'est pour cela que les prophètes aimaient tant la loi de Dieu et que nous devrions en faire autant. Garder les dix commandements est une protection pour nous. C'est une protection pour la société dans laquelle nous vivons. Ces principes sont au cœur même de la vie pour laquelle Dieu nous a créés.

Prière

Dieu très saint, tu as démontré ton amour envers ton peuple en lui donnant tes commandements. Remplis-nous toujours de reconnaissance pour ta loi. Tu nous as expliqué comment nous devrions marcher sur le chemin de la droiture. Aide-nous à te glorifier en obéissant à tes dix commandements. Amen.

Question 9

Que demande Dieu dans les premier, deuxième et troisième commandements?

Dans le premier commandement, Dieu nous demande de le connaître et de lui faire confiance car il est le seul vrai Dieu, le seul Dieu vivant. Dans le deuxième, il nous demande de fuir toute idolâtrie et de ne pas l'adorer d'une manière qui ne lui convienne pas. Dans le troisième, il nous demande d'utiliser son nom avec crainte et respect, et d'honorer aussi sa Parole et ses œuvres.

📖 DEUTÉRONOME 6:13

C'est l'Éternel, ton Dieu, que tu craindras, c'est lui que tu serviras et c'est par son nom que tu prêteras serment.

🗩 Commentaire

CHARLES HADDON SPURGEON (1834 – 1892)

Dieu veut nous faire comprendre que le Dieu révélé dans les Écritures et manifesté en la personne du Seigneur Jésus-Christ, est le Dieu qui a créé les cieux et la terre. L'homme se façonne un dieu qui correspond à ses désirs. Pour ce faire, il utilise, sinon le bois ou la pierre, mais en tout cas ce qu'il appelle sa conscience propre ou sa pensée éduquée, pour se fabriquer une divinité selon ses goûts personnels, qui ne soit pas trop sévère avec son péché, ou trop rigoureuse dans sa manière de juger l'homme impie. Il rejette le vrai Dieu, et se fabrique d'autres dieux qui correspondent à l'image qu'il se fait de Dieu, puis il s'adresse à cet objet sorti de son imagination avec ces mots : « Ô Israël, voici tes dieux ! ». Cependant, lorsque le Saint-Esprit éclaire notre entendement, il nous conduit à voir que Yahvé est Dieu et qu'en dehors de lui, il n'en existe point d'autre. Il enseigne à son peuple que le Dieu du ciel et de la terre, c'est le Dieu de la Bible, un Dieu dont les attributs se complètent parfaitement : la miséricorde va de pair avec la justice, l'amour accompagne la sainteté, la grâce se revêt de vérité, et la puissance s'allie à la tendresse. Il n'est pas un Dieu qui ferme les yeux sur le péché, et encore moins un Dieu qui y prend plaisir comme sont censés l'être les dieux des païens. C'est un Dieu qui ne peut regarder le péché en face, et qui n'épargnera en aucun cas le coupable. C'est sur ce point que le philosophe s'oppose aujourd'hui au chrétien. Le philosophe dit : « Si vous souhaitez avoir un Dieu, d'accord, mais il doit correspondre à mes croyances ! ». À cela, le chrétien répond : « Nous ne sommes pas là pour inventer un dieu, mais pour obéir au seul et unique Seigneur révélé par les Écritures de vérité ».[10]

PAUL WELLS

La nature a horreur du vide, dit le vieux proverbe... le cœur de l'être humain aussi. Dieu nous a créés pour vivre en communion avec lui, et si notre cœur n'est pas nourri de cette joie, d'autres choses le remplissent rapidement. Nous focalisons notre vie sur les choses qui nous attirent en ce monde, qui deviennent nos « dieux », des idoles, qui remplacent le seul vrai Dieu. Le pécheur ne le reconnaît pas, bien sûr, mais les idoles sont faciles à repérer dans notre monde occidental : les plaisirs, les loisirs, les expériences qui valorisent, et derrière eux, l'argent qui les achète. Finalement, notre idolâtrie est un esclavage à nous-même. Notre cœur est plein de ce qui ne peut nous satisfaire. Il y a, par contre, « un seul Dieu, et un seul médiateur entre Dieu et les hommes, l'homme Christ

Jésus » (1 Timothée 2 : 5). En Jésus, Dieu se fait connaître à nous. En devenant homme, Jésus est descendu de Dieu vers nous, et nous attire vers Dieu par la grandeur de son amour, se donnant pour notre péché sur la croix. En lui nous reconnaissons le seul vrai Dieu, et notre vie prend son sens à son service. Nous l'adorons vraiment en reconnaissant son amour, en y prenant plaisir, et en offrant notre vie à son service avec tout ce qui nous appartient dans ce monde, nous alignant sur sa Parole qui nous guide. Honorer le nom de Dieu, c'est servir Dieu comme Roi de toutes choses, de sorte à lui être agréable, en respectant ce qu'il a fait, jusque dans nos propres personnes qui sont faites à son image et pour sa gloire. Le fruit de cette adoration de Dieu sera sa bénédiction pour nous et nos communautés.

Prière

Seul et unique Dieu, ton nom surpasse tout autre nom, et nous nous approchons de toi remplis de respect et de crainte. Garde-nous fidèles à tes commandements. Montre-nous tous les faux dieux dans nos vies. Que nous t'adorions toi seul en esprit et en vérité. Amen.

Question 10

Que demande Dieu dans les quatrième et cinquième commandements?

Dans le quatrième commandement, Dieu nous demande de passer du temps, le jour du Sabbat, à l'adorer publiquement et en privé, de nous reposer de nos activités habituelles et de le servir, lui et ceux qui nous entourent, anticipant ainsi le Sabbat éternel. Dans le cinquième commandement, il nous demande d'aimer et d'honorer notre père et notre mère, en nous soumettant à leur discipline et leur instruction inspirées par Dieu.

📖 LÉVITIQUE 19:3

Chacun de vous traitera sa mère et son père avec déférence et respectera mes sabbats. Je suis l'Éternel, votre Dieu.

💬 Commentaire

JEAN CALVIN (1509 – 1564)

Il est aisé maintenant de comprendre ce qu'il faut apprendre de la Loi. Dieu, qui est notre créateur, est à bon droit notre Seigneur et notre Père; c'est pourquoi nous devons lui rendre gloire, le respecter, l'aimer et le craindre. De plus, nous ne sommes pas libres de suivre le désir de notre esprit partout où il nous poussera, mais nous dépendons entièrement de notre Dieu et nous ne devons nous intéresser qu'à ce qui lui plaît. Enfin, Dieu aime la justice et la droiture et déteste l'iniquité. C'est pourquoi si nous ne voulons pas qu'une ingratitude anormale nous détourne de notre créateur, nous avons à aimer la justice et à la pratiquer toute notre vie. Car, si c'est en préférant sa volonté à la nôtre que nous le révérons comme il faut, il en résulte qu'on ne peut l'honorer légitimement qu'en observant la justice, la sainteté et la pureté.

L'homme n'a pas la possibilité de s'excuser en invoquant sa faiblesse, comme un débiteur pauvre qui n'est pas capable de payer. Il n'est pas correct de mesurer la gloire de Dieu selon notre capacité car, qui que nous soyons, Dieu est toujours égal à lui-même : ami de la justice, ennemi de l'iniquité. Et quoi que ce soit qu'il demande, puisqu'il ne peut rien demander qui ne soit pas juste, nous avons l'obligation naturelle d'obéir.[11]

TIMOTHY KELLER

Quand nous lisons la Bible dans son intégralité, Ancien et Nouveau Testament, nous réalisons que le commandement relatif au sabbat comprend deux aspects.

D'abord, le sabbat est une pratique essentielle. Notre vie doit alterner entre des moments de travail et des moments de repos. Nous en avons reçu l'ordre. Et nous avons l'interdiction de trop travailler.

Ensuite, il nous est ordonné de nourrir notre corps et notre âme. Nous ne sommes pas censés nourrir seulement notre corps. Chaque semaine nous devons restaurer notre âme grâce à la communion fraternelle, la prière, le culte personnel et l'adoration.

Cependant, il est vrai que le Nouveau Testament nous révèle que le sabbat fait référence à un type de repos plus profond encore. Hébreux 4, en particulier, nous dit que, lorsque nous croyons en Christ et en l'Évangile, nous nous reposons de nos œuvres. Cela signifie que nous sommes déchargés du lourd fardeau de devoir faire nos preuves et de mériter notre salut. Au cours de notre vie terrestre, nous expérimentons déjà ce repos plus profond, mais nous n'en jouirons pleinement que dans l'avenir, lorsque nous nous trouverons dans le nouveau ciel et sur la nouvelle terre. Et nous recherchons et désirons ce repos. C'est vraiment réconfortant, en particulier lorsque nous sommes las et fatigués.

Le cinquième commandement, celui qui nous demande d'honorer nos parents, devrait lui aussi être lu à la lumière du message de l'Évangile. Il nous dit qu'en tant qu'enfants, nous devrions obéir à nos parents. En tant qu'adultes, nous devrions respecter et écouter nos parents. Toutefois, l'Évangile nous rappelle également que Dieu est notre Père, que nous avons, par grâce, été accueillis dans sa famille, et que son amour est celui dont nous avons le plus besoin. Et si notre principale relation d'amour *phileo* est celle que nous entretenons avec Dieu, alors nous devenons capables d'aimer et d'honorer nos parents, sans chercher en eux ce que seul Dieu peut nous donner.

Prière

Père, source de la vie, nous ne pourrons nous épanouir que si nous marchons sur tes chemins. Tu nous as créés et tu nous dis que nous avons besoin de repos. Garde-nous de chercher une forme de justification au travers de notre travail incessant. Donne-nous l'humilité d'honorer nos parents. Aide-nous à toujours aligner nos vies sur tes commandements plutôt que sur nos propres instincts. Amen.

Question 11

Que demande Dieu dans les sixième, septième et huitième commandements?

Dans le sixième commandement, Dieu nous demande de ne pas faire de mal à notre prochain, de ne pas le haïr ni lui être hostile mais d'être patient avec lui, de rechercher la paix, et de traiter avec amour même nos ennemis. Dans le septième commandement, il nous demande de nous abstenir de toute immoralité sexuelle et de vivre dans la pureté et la fidélité, que ce soit dans le mariage ou le célibat, en évitant tout acte, tout regard, toute parole ou tout désir impur ainsi que tout ce qui risque de nous y conduire. Dans le huitième commandement, Dieu nous demande de ne pas prendre sans permission ce qui appartient à un autre, ni de priver quelqu'un d'un bien dont il pourrait bénéficier de notre part.

📖 ROMAINS 13:9

En effet, les commandements: Tu ne commettras pas d'adultère, tu ne commettras pas de meurtre, tu ne commettras pas de vol, tu ne convoiteras pas, ainsi que tous les autres, se résument dans cette parole: Tu aimeras ton prochain comme toi-même.

🗩 Commentaire

MARTYN LLOYD-JONES (1899 – 1981)

L'homme est incapable d'obéir aux dix commandements. Et pourtant, il parle avec légèreté d'obéir au Sermon sur la Montagne, et d'imiter le Christ [...] Les Juifs formaient un peuple à qui Dieu avait donné sa loi par son serviteur Moïse, mais ils ne pouvaient pas obéir à cette loi. Ils ne pouvaient pas garder les dix commandements. Personne n'a jamais parfaitement obéi aux dix commandements [...] Et si un homme ne peut garder les dix commandements tels qu'il les comprend, comment pourrait-il leur obéir à la lumière de l'interprétation du Seigneur Jésus-Christ ? C'était tout le problème des pharisiens qui haïssaient tellement Jésus qu'ils finirent par le crucifier. Ils pensaient obéir aux dix commandements et à la loi morale. Mais notre Seigneur va les convaincre du contraire et il les déclarera coupables. Ils affirmaient n'avoir jamais commis de meurtre. N'allez pas si vite, leur dit notre Seigneur. Avez-vous déjà traité votre frère d'imbécile ? Si oui, vous êtes coupables de meurtre. Le meurtre, ce n'est pas seulement l'acte de tuer physiquement un homme ; c'est l'amertume et la haine dans votre cœur [...] Et vous vous souvenez que Jésus a enseigné la même chose à propos de l'adultère. Ils affirmaient être innocents. N'allez pas si vite, leur dit notre Seigneur. Vous dites ne jamais avoir commis l'adultère ? «Mais moi, je vous dis : Quiconque regarde une femme pour la convoiter a déjà commis adultère avec elle dans son cœur.» (Matthieu 5 : 28). Il est coupable : il a convoité, il a désiré. Vous voyez, lorsque notre Seigneur vient interpréter la loi, il explique qu'un mauvais désir est aussi condamnable qu'un acte. Aux yeux de Dieu, idées et pensées sont aussi condamnables qu'un acte commis.[12]

STEPHEN UM

Les chrétiens ont pour obligation d'obéir aux dix commandements car les dix commandements sont les lois de Dieu. Par l'interprétation que Jésus en fait lors du Sermon sur la Montagne, nous comprenons que les critères de la loi sont bien plus élevés que nous pourrions le supposer. Celle-ci n'ordonne pas seulement de ne pas commettre d'adultère, de ne pas commettre de meurtre et de ne pas voler. Lorsqu'il interprète le sixième commandement, Jésus dit que si j'entretiens de l'amertume en mon cœur, si je suis incapable de pardonner à quelqu'un, si je traite quelqu'un de *raca* (c'est-à-dire que je le considère comme insignifiant), alors j'ai assassiné cette personne dans mon cœur. Il dit aussi que si je convoite une femme en mon cœur, j'enfreins le septième commandement en commettant l'adultère. Et, de même, je suis coupable de cupidité si je suis matérialiste et non pas radicalement généreux. Jésus fixe donc la barre des commandements très haut !

Martin Luther écrit qu'il est impossible de transgresser n'importe lequel des commandements sans transgresser d'abord le premier[13]. En effet, si j'enfreins un des commandements, c'est que je considère d'autres choses comme primordiales. Dieu n'est plus mon bien suprême et ces choses prennent sa place dans ma vie.

Luther dit également que, dans les dix commandements, chaque interdiction ou restriction a son pendant positif[14]. Ainsi, lorsqu'il est dit « Tu ne commettras pas de meurtre » (Exode 20 : 13), cela signifie que je dois aimer les autres d'un amour radical, mes voisins et mes ennemis. Et de l'ordre « Tu ne commettras pas d'adultère » (Exode 20 : 14) découle que je dois être fidèle à ma femme ou à mon mari, et reconnaître la sexualité comme étant un merveilleux cadeau de Dieu. Si je suis marié, je dois donc comprendre que le mariage est une alliance, un engagement entre un homme et une femme. Quand il est dit « Tu ne commettras pas de vol » (Exode 20 : 15), cela doit être compris comme « Tu seras radicalement généreux ».

Voici les responsabilités qui incombent aux chrétiens lorsqu'ils veulent donner suite aux dix commandements. Mais le problème, c'est que nous sommes incapables d'y obéir parfaitement. Comment donc pouvons-nous résoudre ce dilemme ?

Jésus-Christ est le second Adam, le véritable Israël, le représentant et chef divin, venu pour satisfaire lui-même parfaitement aux exigences de la loi. Son obéissance et sa justice nous sont désormais imputées, nous rendant ainsi capables d'obéir aux impératifs de la loi, et de satisfaire à ses exigences. Même lorsque nous ne parvenons pas à y obéir parfaitement, nous savons que nous ne serons pas condamnés par la loi. Nous restons confiants alors que nous nous efforçons d'obéir à la loi de Dieu, sachant que Jésus-Christ a satisfait à ses exigences à notre place et de manière parfaite. Nous pouvons donc vivre sans craindre d'être rejetés par Dieu à cause de notre désobéissance ou à cause de notre obéissance imparfaite. Nous savons, en effet, que Jésus-Christ a accompli toutes ces choses en satisfaisant parfaitement aux exigences de la loi à notre place.

✋ Prière

Fidèle Berger de nos âmes, tu nous as créés pour vivre sur la terre dans l'amour et la communion, mais nous échouons constamment. Que ton amour oriente toutes nos relations afin que nous marchions dans la pureté, en abandonnant l'immoralité sexuelle, la convoitise, et l'avarice pour la gloire de ton nom. Amen.

Question 12

Que demande Dieu
dans les neuvième et
dixième commandements ?

Dans le neuvième commandement, Dieu nous demande de ne pas mentir à notre prochain et de ne pas le tromper, mais de dire la vérité dans l'amour. Dans le dixième commandement, Dieu nous demande d'être satisfaits de ce qu'il nous a donné, sans envier les autres, et sans éprouver d'amertume pour ce qu'il leur a donné ou qu'il nous a donné.

📖 JACQUES 2 : 8

Si vous accomplissez la loi royale d'après l'Écriture : Tu aimeras ton prochain comme toi-même, vous faites bien.

💬 Commentaire

JOHN BRADFORD (1510 – 1555)

Tu ne porteras point de faux témoignage contre ton prochain. Seigneur plein de grâce, tu m'instruis maintenant par ce commandement en m'indiquant de quelle manière je devrais utiliser ma langue lorsque je parle de mon prochain, et tu m'enseignes comment me comporter quant à son honneur en m'interdisant de porter de faux témoignage. Tu m'interdis ainsi toute forme de calomnie, de mensonge, d'hypocrisie, et de contrevérité. Et pour quelle raison ? Parce que tu nous appelles, en tant que « membres d'un seul corps », à « parler selon la vérité à notre prochain », et à prendre soin de supporter ses faiblesses, et à défendre sa réputation par nos propos, tout comme nous voudrions qu'il défende la nôtre. Ainsi, par ce commandement, tu m'interdis l'usage de toute sorte de paroles mauvaises, dangereuses, calomnieuses et fausses, mais tu m'exhortes dans le même temps à rapporter tout ce qui est juste, honnête et vrai. [...] Ô combien ceci est infiniment bénéfique pour moi ! Si nous considérons les blessures qu'infligent la contrevérité et la tromperie de certains de nos propos, il nous est facile de reconnaître à quel point ce commandement se révèle être pour nous un cadeau merveilleux et une preuve d'amour divin.

Tu ne convoiteras point. [...] Mon Seigneur et Dieu plein de grâce, tu me donnes ici le dernier commandement de ta loi. Après m'avoir enseigné les actions extérieures que je dois éviter, afin de ne pas offenser ou accabler mon prochain, des actions telles que le meurtre, l'adultère, le vol, et le faux témoignage, tu m'enseignes maintenant une loi pour mon cœur. Ainsi, cette source intérieure, de l'abondance de laquelle découlent toutes nos œuvres et toutes nos paroles, sera bien disposée afin que je ne convoite rien de ce qui appartient à mon prochain. Par ce commandement, je sais que s'il possède une plus belle maison que moi, je ne dois pas souhaiter qu'elle soit mienne ; si son épouse est plus jolie que la mienne, je ne dois pas la désirer. [...] Je ne dois pas chercher à lui prendre ni son bœuf, ni son âne, non, ni son chien, non, ni aucune autre chose, aussi insignifiante soit-elle, qui serait en sa possession. Dans les autres commandements tu interdis tout préjudice et toute pratique mauvaise envers mon prochain, mais tu m'ordonnes ici de prendre garde à ne pas non plus avoir quelque pensée mauvaise à son sujet. [...] L'apôtre l'a bien dit, lorsqu'il nous enseignait par ces paroles : « Déchargez-vous sur lui de tous vos soucis, car lui-même prend soin de vous ». Ces paroles sont vraies, j'en ai moi-même fait l'expérience : de la même manière que tu « prends soin de nous », tu nous appelles aussi à « prendre soin les uns des autres ».[15]

THABITI ANYABWILE

La langue est un mal indomptable. Elle peut enflammer toute notre existence, nous explique Jacques 3. Le neuvième commandement vise donc en partie à brider notre langue par la vérité, en nous apprenant à renoncer à la fausseté et au mensonge. Dans nos cultures, accuser quelqu'un de mensonge est une véritable insulte, et beaucoup de gens hésitent donc à employer ce terme. Je pense que cette réticence trahit le désir de nos cœurs déchus de se dérober à ce commandement. Mais cela met aussi en lumière notre besoin d'un tel commandement.

Et pourquoi avons-nous le sentiment que le commandement « Tu ne mentiras pas » ou le mot « mensonge » sont indécents ? Cela signifie probablement que, d'une certaine façon, nous sommes déjà en train de nuancer la vérité. Nous nous éloignons déjà de l'expression complète de ce qui est bon, de ce qui est droit et de ce qui est vrai. Et le neuvième commandement nous condamne pour cela. Il nous montre que nous avons chuté quant à l'utilisation de notre langue et que la destruction qu'elle apporte est réelle.

Il en est de même pour le dixième commandement : « Tu ne convoiteras point ». Imaginez que votre cœur soit doté de mains : la convoitise, c'est votre cœur qui désire des choses, qui s'empare de choses, qui met la main sur ce qui ne lui appartient pas réellement. Ce qui est à la fois étonnant et beau dans ce commandement, et dans toute la Parole de Dieu d'ailleurs, c'est que même s'il concerne une réalité intérieure (ce désir de s'emparer de choses), il met aussi en lumière les implications sociales de tout cela. Il nous est donc dit : « Tu ne convoiteras rien de ce qui appartient à ton prochain. » Ni la femme de ton prochain, ni son bétail, ni quoi que ce soit qui lui appartienne.

Le dixième commandement nous fixe une espèce de frontière qui nous protège quand le chemin de la convoitise tend à franchir les limites. Nous sommes tentés de dépasser les limites dans nos désirs, voulant posséder des choses qui ne nous appartiennent pas véritablement. Nous sommes tentés de dépasser les limites de la propriété de l'autre, nous saisissant de ce qui appartient à un autre (le bétail de notre voisin, la femme de notre voisin…). Notre convoitise porte donc bien préjudice socialement à notre prochain. Mais il existe une autre limite que nous franchissons. Lorsque nous convoitons, ce que nous affirmons en réalité, c'est que Dieu n'a pas bien réparti les richesses de sa création puisqu'il ne nous a pas donné tout ce que nous désirons. Donc le cœur, de par sa nature déchue et pécheresse, s'empare de choses qui ne lui reviennent pas et cherche à posséder ce qui appartient à un autre : à notre prochain ou à Dieu lui-même.

Ces commandements nous parlent et ils nous appellent à marcher dans la vérité. Non seulement dire la vérité, mais aussi la dire avec amour.

Ces commandements nous poussent à maîtriser, à restreindre et à diriger nos désirs vers ce qui est juste et bon. Ils nous poussent vers ce que Dieu nous a légitimement donné pour que nous en jouissions, nous encourageant à être satisfaits de la manière dont Dieu distribue ses bénédictions et dirige toute sa création. Ils nous appellent à ne pas délaisser cet esprit de contentement en nous emparant de choses qui ne nous appartiennent pas. Car en faisant cela, nous détruisons notre société, notre culture et notre prochain. Ceci est vrai même lorsque le fait de prendre ce qui ne nous appartient pas ne se réalise qu'au plus profond de notre cœur.

Prière

Seigneur de toute vérité, aide-nous à refléter ta bonté par nos paroles et nos actions. Tu connais toute chose. Rien n'est caché à tes yeux. Tu distribues généreusement tes dons parfaits et tu ne prives tes enfants d'aucun bien. Que ta vérité soit sur nos lèvres et que nos cœurs soient remplis de contentement. Amen.

Question 13

Existe-t-il quelqu'un qui soit capable d'obéir parfaitement à la loi de Dieu?

Depuis la chute, aucun être humain n'a été capable d'obéir parfaitement à la loi de Dieu, mais tous l'ont constamment enfreinte en pensée, en parole et en actes.

📖 ROMAINS 3:10-12

Il n'y a pas de juste, pas même un seul; aucun n'est intelligent, aucun ne cherche Dieu; tous se sont détournés, ensemble ils se sont pervertis; il n'y en a aucun qui fasse le bien, pas même un seul.

💬 Commentaire

JOHN OWEN (1616 – 1683)

Lorsqu'un voyageur se trouve soudainement au cœur d'un violent orage, dans le tonnerre et sous la pluie, il se détourne rapidement de sa route pour chercher refuge dans une maison ou sous un arbre. Toutefois, il n'abandonne pas pour autant son voyage car aussitôt l'orage passé, il rejoint la route et continue son périple. Il en est de même des hommes esclaves du péché: ils se retrouvent soudain sous le coup de la loi, au cœur d'un violent orage de tonnerre et d'éclairs provenant des cieux. Ils en sont terrifiés, et cet orage est un obstacle sur leur route. Ils sont obligés de se détourner de leur chemin pendant un temps. Ils se tournent alors vers la prière, ou vers un certain changement de vie, et courent vers un abri pour se protéger de l'orage de colère qu'ils craignent voir s'abattre sur leur conscience. Mais leur périple prend-il fin ? Les fondements de leur vie sont-ils altérés pour autant ? Pas du tout. Dès que l'orage est passé... ils rejoignent leur première route, à nouveau au service du péché.[16]

Ne pensons jamais en avoir fini avec le péché. Nous allons toujours nous battre pour le crucifier, le mortifier, le dominer. Le lieu où il réside est impénétrable. Et lorsque nous pensons avoir complètement gagné la bataille, il en reste toujours quelques bribes que nous n'avons pas vues, et dont nous ne soupçonnions même pas l'existence. Nombre de conquérants ont été anéantis par leur imprudente négligence après une victoire. Et nombreux sont ceux qui ont souffert de blessures spirituelles après avoir connu de grandes victoires contre cet ennemi... La seule manière de pourchasser le péché dans son impénétrable demeure, c'est de ne jamais nous arrêter dans cette traque.[17]

MIKE EVANS

Tous, nous sommes assez réalistes pour admettre notre imperfection, mais de là à reconnaître que notre déchéance est totale, c'en est trop ! Pourtant, c'est précisément le constat que fait Paul en citant des textes de l'Ancien Testament (Psaumes 14 : 1-3 ; 53 : 1-4).

Depuis la chute, l'homme est en rébellion contre Dieu. Il ne souffre pas d'une simple maladie bénigne dont il peut être guéri, mais d'une maladie mortelle. Depuis sa naissance, le verdict est clair : il est condamné et en phase terminale !

Paul poursuit en affirmant que ce qui rend la situation encore plus tragique, c'est que l'homme ne comprend ni l'origine ni la gravité de son problème. Il ignore totalement les conséquences de son péché et de sa façon de vivre. Pire encore, il s'illusionne en se croyant en mesure de s'améliorer et de s'en sortir tout seul !

Et comme si cela ne suffisait pas, Paul déclare que l'homme non seulement ne cherche pas Dieu, mais encore qu'il s'en détourne délibérément pour suivre sa propre voie. Certes, il peut entreprendre une quête religieuse ou spirituelle, mais l'aboutissement recherché est un dieu arrangeant, domestiqué, qui ne dérange pas son style de vie. L'homme naturel fuit un Dieu saint et juste !

Mais Dieu ! Oui, la bonne nouvelle est que Dieu a pris l'initiative de chercher l'homme et lui a révélé le salut auquel il a pourvu par Christ à la croix. L'incapacité de l'homme rencontre le « tout accompli » de Dieu ! La libération de la condamnation du péché et du pouvoir du péché est non seulement acquise mais elle est offerte gratuitement à celui qui croit.

Prière

Père saint, nous confessons notre incapacité à garder ta loi. Nous plaidons « coupables » car nous la transgressons et nous méritons ton jugement. Ta loi nous convainc que nous avons besoin d'un sauveur. Béni sois-tu car tu as pourvu à ce Sauveur en Jésus-Christ. Amen

Question 14

Dieu nous a-t-il créés incapables d'obéir à sa loi?

Non, mais à cause de la désobéissance de nos premiers parents, Adam et Ève, la création tout entière a été entraînée dans la chute; nous sommes tous nés dans le péché et la culpabilité, corrompus de nature et incapables d'obéir à la loi de Dieu.

📖 ROMAINS 5:12

C'est pourquoi, de même que par un seul homme le péché est entré dans le monde, et par le péché la mort, de même la mort a atteint tous les hommes parce que tous ont péché.

💬 Commentaire

ABRAHAM BOOTH (1734 – 1806)

Voici ce que je crois: au commencement, Dieu créa le ciel et la terre, ainsi que tous ceux qui la peuplaient. Puis, pour couronner le tout, le distinguant de toutes les créations extraordinairement diversifiées de sa toute-puissance et de son pouvoir infini... il créa l'homme, et l'établit seigneur du monde terrestre. Il le créa homme et femme, à son image et à sa ressemblance: droits, innocents et saints, capables de servir et de glorifier leur généreux Créateur.

Je crois tout aussi fermement que l'homme n'a pas longtemps vécu dans cette situation sainte et heureuse, mais que, livré à la liberté de sa propre volonté, il transgressa la loi donnée par son Créateur et Souverain. Il tomba par conséquent dans un état de culpabilité, de dépravation et de ruine. Comme il était non seulement le chef naturel mais également le représentant légal de sa postérité à venir, lorsqu'il pécha, sa descendance pécha et tomba avec lui. La culpabilité de son premier péché leur fut ainsi imputée, et sa nature corrompue transmise à tous ses descendants naturels. Il s'en suit donc que tous les hommes sont, par nature, les enfants de la colère, opposés à tout ce qui est spirituellement bon, et enclins au mal ; morts dans le péché, sous la malédiction de la loi juste de Dieu, et méritant la vengeance éternelle. De cet état de désolation totale, rien ne peut le délivrer en dehors de Jésus-Christ, le second Adam.[18]

PAUL WELLS

Notre humanité ne projette pas une belle image d'elle-même sur l'écran de l'Histoire, au contraire. En effet, « l'homme est devenu un loup pour l'homme », mais nous croyons malgré tout à un certain progrès par un bond en avant ou par l'avancée de la science... Cette vision de la nature humaine est fausse. L'amélioration de la nature humaine est une illusion. Il est courant de parler de la « nature humaine » au singulier mais la Bible parle non pas d'une nature humaine, mais de quatre formes qu'elle prend concrètement. D'abord, créée bonne, sortant de la main et du souffle du Créateur, puis déchue, à cause de la rébellion contre Dieu, puis restaurée pour devenir une nouvelle création en Christ, et enfin confirmée dans la vie dans un monde nouveau — la transformation finale.

Déchue, la nature humaine est destinée à la mort, à cause de l'acte de rébellion contre Dieu. Nos premiers parents ont péché et sont devenus esclaves du péché, esclaves d'eux-mêmes et de leurs désirs. De vrais « hors la loi ». Être pécheur c'est vivre dans l'état pathologique de la toxicomanie. Cette pathologie est transmise à la descendance, comme pour les bébés des accros de la drogue qui naissent en état de dépendance. Nous sommes tous pécheurs, et on ne peut se libérer du péché, pas plus que le léopard ne peut se débarrasser de ses taches. Tous les êtres humains, depuis la chute d'Adam, vivent le deuxième état de la nature humaine. Impossible de penser qu'ils ont choisi d'entrer dans cet état, et qu'ils peuvent en sortir. Il n'existe pas de programme en douze étapes pour changer notre nature humaine, et nous libérer de notre dépendance au péché. Nous sommes pollués à la source par la pollution qui souille toute la race. Emprisonnés par le mal, nous sommes incapables de sortir de la « prison du moi ». Si nous tentons d'escalader le mur, nous retombons toujours du mauvais côté. Ce qu'il nous faut, c'est quelqu'un qui possède la clef de la prison, et qui vienne nous en délivrer. Sinon, nous sommes destinés à y laisser notre peau... car la sentence contre nous, c'est la peine capitale. Nous disons que tout va bien et que nous marchons vers un avenir meilleur, mais le mythe du progrès est un mensonge qui nous demande de ne pas voir les évidences tout autour de nous.

✋ Prière

Dieu plein de miséricorde, notre nature même est corrompue. Nous sommes bien les fils et les filles du premier Adam, et nous désirons ce que tu interdis. Donne-nous une nouvelle nature à travers une nouvelle naissance en Christ, le second Adam. Rends-nous ainsi capables d'obéir à ta loi par la puissance du Saint-Esprit. Amen.

Puisque personne ne peut lui obéir, quelle est la raison d'être de la loi?

C'est de nous permettre de connaître la sainte nature et la volonté de Dieu, et de prendre conscience de la nature pécheresse et désobéissante de nos cœurs; par conséquent, elle nous permet de prendre conscience de notre besoin d'un Sauveur. La loi nous enseigne et nous exhorte aussi à vivre une vie digne de notre Sauveur.

📖 ROMAINS 3:20

En effet, personne ne sera considéré comme juste devant lui sur la base des œuvres de la loi, puisque c'est par l'intermédiaire de la loi que vient la connaissance du péché.

🗩 Commentaire

CHARLES SIMEON (1759 – 1836)

Ces pauvres hommes pensent pouvoir prêcher l'Évangile sans prêcher la loi. Moi j'affirme qu'ils doivent prêcher la Loi, à moins qu'ils n'aient point l'intention de prêcher l'Évangile. La loi est intervenue pour que l'offense abonde : c'est pour cette raison que vous devez la proclamer parmi vos congrégations de pécheurs. Élevez vos voix telles des trompettes, et annoncez à tous ces gens leurs transgressions afin que vous puissiez d'autant plus glorifier votre Maître honoré, en proclamant la profondeur de la richesse et la plénitude de son merveilleux salut. Prêchez à ceux qui croient que la loi est accomplie, annulée, vaine pour leur salut : dirigez leurs regards vers Emmanuel qui la tient dans sa main ensanglantée, et qui leur déclare : « Si vous m'aimez, gardez mes commandements ».[19]

LIGON DUNCAN

La loi de Dieu nous aide à connaître Dieu, à nous connaître nous-mêmes, à connaître nos besoins, et à connaître une vie de paix et de bénédiction. Elle nous aide à connaître Dieu parce qu'elle révèle précisément sa personne, ses attributs et sa volonté sainte. Elle révèle ce qu'il est.

Dans Romains 1, Paul nous dit que tout le monde sait ce qui est bien et ce qui est mal. Mais la loi de Dieu nous révèle plus particulièrement le caractère de Dieu et ses propres qualités morales. Ce qui est déclaré moral ne l'est pas arbitrairement. Dieu ne nous demande pas d'agir de manière arbitraire. Dieu n'exige pas de nous que nous fassions des choses que lui-même n'est pas prêt à accomplir. Toute moralité est donc ancrée dans la personne même de Dieu. Quand on plonge nos regards dans sa loi, la nature de Dieu nous apparaît clairement.

La loi de Dieu nous révèle également qui nous sommes. Elle nous révèle surtout notre nature pécheresse, notre désobéissance, et notre penchant pour le péché. Par exemple, lorsque Jésus parle au jeune homme riche, il lui dit : « Va vendre ce que tu possèdes, donne-le aux pauvres » (Matthieu 19 : 21). Et le jeune homme riche répond en quelque sorte : « Je ne peux pas ». Et il s'en va tout triste. Qu'est-ce que cette histoire nous enseigne ? Jésus est-il en train de dire que nous devons tous faire don de tous nos biens ? Non. Mais au jeune homme riche, Jésus révèle, par la loi de Dieu, où se situe véritablement son péché. Quel est le premier commandement ? Tu n'auras pas d'autres dieux que moi. Et dans cette histoire, Dieu devenu homme dit à ce jeune homme riche : « Alors ? Que vas-tu choisir ? Ton argent, tes biens, ou moi, Dieu ? ». Et le jeune homme riche choisit de placer quelque chose au-dessus de Dieu, de lui donner plus d'importance qu'à Dieu.

Cela nous mène à la troisième chose que la loi nous aide à comprendre. Elle nous aide à discerner nos besoins. Quand nous connaissons Dieu, quand nous saisissons que nous ne sommes pas à la hauteur de ses exigences morales et de sa personne, quand nous savons vraiment qui nous sommes, quand nous connaissons les penchants pécheurs de notre cœur, tout cela nous incite à aller vers Jésus car nous reconnaissons notre besoin d'un Sauveur. Et le Sauveur a accompli cette loi. Il y a obéi à la perfection et il a enduré le châtiment que nous méritions. La loi nous pousse vers le Sauveur. Elle oriente nos regards vers le Sauveur. Elle nous conduit au Sauveur.

Bien sûr, la loi nous révèle aussi le chemin vers une vie de paix et de bénédiction. Quand on parle d'obéissance, les gens se disent tout de suite : « Oh, est-ce que je dois vraiment faire ça ? Est-ce que je suis obligé de faire des bonnes œuvres ? Est-ce que je dois obéir ? ». Jésus n'a pas eu cette attitude face aux ordres et à la volonté de Dieu. En fait, il disait souvent à ses disciples : « Ma nourriture est de faire la volonté de celui qui m'a envoyé » (Jean 4 : 34). En d'autres termes, il disait qu'obéir à la loi et à la volonté de Dieu, c'était comme participer à un banquet où l'on nous servirait une multitude de plats savoureux. Et une fois rachetés, une fois notre confiance placée en Jésus-Christ seul pour nous accorder le salut, comme il nous l'offre dans l'Évangile, la loi ne nous dirige pas seulement vers Christ, mais elle nous montre aussi comment vivre une vie de paix et de bénédiction.

Lorsqu'au commencement Dieu a donné ses commandements à Adam et Ève dans le jardin, ils étaient pour eux source de bénédiction. Son amour pour eux ne dépendait pas de leur obéissance à ses commandements. Il a aimé et béni Adam et Ève dans le jardin. Et leur obéissance aux commandements était l'environnement même au sein duquel ils jouissaient de cette bénédiction. Quand nous sommes sauvés par Christ, quand nous sommes unis à lui, nous devenons capables de marcher d'une manière digne de l'Évangile. Nous devons alors vivre comme le Seigneur Jésus-Christ a vécu, lui qui prenait plaisir à obéir à Dieu. La loi de Dieu nous montre donc à quoi cette vie de paix et de bénédiction ressemble. Elle nous montre ce que signifie mener une vie digne de l'Évangile une fois que nous avons placé notre confiance en Jésus-Christ.

Prière

Seigneur, toi la source de tout bienfait, ta loi nous révèle ce qui est juste. Bien qu'elle nous condamne, c'est à travers elle que nous prenons conscience de l'ampleur de ta sainteté et de la perfection de ton Fils Jésus. Même si nous manquons la cible bien souvent, nous voulons toujours te remercier et te louer pour ta loi, et nous réjouir d'avoir un Sauveur. Amen.

Question 16

Qu'est-ce que le péché?

Le péché consiste à rejeter ou ignorer Dieu dans le monde qu'il a créé, à se rebeller contre lui en vivant sans tenir compte de lui, et en n'étant ou en ne faisant pas ce qu'il demande dans sa loi – avec pour conséquence, notre mort et la ruine de toute la création.

📖 1 JEAN 3:4

Tous ceux qui pratiquent le péché violent la loi, puisque le péché, c'est la violation de la loi.

💬 Commentaire

OSWALD CHAMBERS (1874 – 1917)

Le péché est une relation fondamentale; ce n'est pas commettre des actions mauvaises, c'est être mauvais, c'est une volonté délibérée et catégorique d'indépendance vis-à-vis de Dieu. Le péché ne dépend pas d'abord de nos actes, il est attaché à nous dès l'origine: la religion chrétienne s'appuie sur cette réalité du péché. Les autres religions s'intéressent aux péchés; seule la Bible s'intéresse au péché. La première chose à laquelle Jésus a fait face parmi les hommes, c'est l'hérédité du péché, et c'est précisément parce que nous avons ignoré ce fait dans notre présentation de l'Évangile que son message a perdu son côté percutant et sa puissance explosive.[20]

PIERRE CONSTANT

La Bible présente le péché sous différents angles : c'est manquer le but pour lequel nous avons été créés, désobéir à la loi de Dieu, nous rebeller contre l'autorité de Dieu, ou briser la relation initiale avec Dieu. Le dénominateur commun des différentes manifestations du péché est exposé dans les premières pages de la Bible.

Le péché nous déshumanise les uns vis-à-vis des autres, mais de manière plus fondamentale, il rompt notre relation avec Dieu et nous place sous sa condamnation. Comment peut-il en être ainsi ?

La Bible déclare que Dieu est notre Créateur, et qu'ainsi nous lui sommes redevables à tout point de vue.

Toutefois, par un acte volontaire de leur part, nos premiers parents ont désobéi à Dieu et à sa Parole, ils se sont institués juges de la loi et de la moralité divine, et ont voulu déterminer par eux-mêmes ce qui est bien ou mal (Genèse 3). En agissant indépendamment de la volonté révélée de Dieu, ils ont désobéi à sa Parole, et, par ce fait même, le péché s'est étendu à toute la race humaine, sans exception.

La Bible déclare que nous avons tous péché, sans exception. « Tous ont péché et sont privés de la gloire de Dieu » (Romains 3 : 23).

En remettant en cause l'autorité et la bonté de Dieu, nous démontrons à quel point nous sommes en rébellion contre Dieu. Le péché, c'est la proclamation de la toute-suffisance humaine, l'auto-couronnement à déterminer nous-mêmes ce qui est bien ou mal. C'est le summum de la prétention humaine à s'auto-déterminer et à s'auto-diriger. Bref, le péché est un affront à l'autorité de Dieu, une rupture profonde dans la relation entre Dieu et ses créatures.

Au titre de Créateur du ciel et de la terre, seul Dieu peut déterminer ce qui est bien ou mal ; il est le seul à qui appartient l'autorité morale. Le péché tourne tout simplement le dos à l'unique Dieu éternel, et s'inscrit en faux contre son ordre moral. D'où croyons-nous posséder ce droit de juger de la vérité de Celui qui se révèle comme le Créateur bienfaisant, tout-puissant, omniscient ?

Lorsque nous sommes accusés dans nos consciences, nous excellons à nous justifier par toutes sortes de circonstances atténuantes.

Nous cherchons, tantôt de manière plus directe, tantôt en usant de moyens détournés, à mettre en avant nos propres priorités, nos propres intérêts, la satisfaction de nos propres désirs. Tristes conséquences d'un cœur maintenant incliné naturellement vers le mal.

Le péché entraîne la mort physique et spirituelle, et atteint même des dimensions cosmiques, en ce que « la création tout entière soupire et souffre les douleurs de l'accouchement » (Romains 8 : 22). Il touche la totalité de la personne : nos sentiments, notre intelligence et notre volonté sont naturellement opposés à Dieu, de sorte que laissés à nous-mêmes, nous nous rebellons contre l'idée même du péché.

Sans la loi de Dieu, nous sommes incapables de saisir la portée morale de nos péchés. Sans l'intervention de Dieu en Jésus-Christ, nous sommes spirituellement morts dans nos péchés, nous minimisons la sainteté de Dieu, et nous maximisons nos prétentions à répondre aux exigences de Dieu. Cependant, même dans nos meilleurs moments, nous ne saurions obéir parfaitement à la loi juste de Dieu. Le péché nous aliène de la présence de Dieu, de la personne de Dieu, de la vie de Dieu.

Prière

Maître de l'Univers, toutes tes voies sont parfaites. Quand nous choisissons notre propre voie, c'est celle de la mort. Aide-nous à prendre conscience à quel point le péché est un poison. Que ta loi, plutôt que l'esprit de rébellion en nous, modèle nos pensées et nos vies. Amen.

Question 17

Qu'est-ce que l'idolâtrie?

L'idolâtrie consiste à faire confiance aux choses créées plutôt qu'au Créateur pour ce qui concerne nos espoirs, notre bonheur, notre identité et notre sécurité.

📖 ROMAINS 1:21, 25

Puisque tout en connaissant Dieu, ils ne lui ont pas donné la gloire qu'il méritait en tant que Dieu et ne lui ont pas montré de reconnaissance; au contraire, ils se sont égarés dans leurs raisonnements et leur cœur sans intelligence a été plongé dans les ténèbres [...] eux qui ont remplacé la vérité de Dieu par le mensonge et qui ont adoré et servi la créature au lieu du Créateur [...]

💬 Commentaire

MARTIN LUTHER (1483 – 1546)

Que signifie avoir un dieu? Qu'est-ce qu'un dieu? Réponse: un «dieu» c'est tout ce vers quoi nous nous tournons afin d'obtenir toute bonne chose ainsi qu'un secours dans tous nos besoins [...] Voyez-vous toute cette nuée d'homme, fiers l'un de sa grandeur, l'autre de sa sagesse, d'autres de l'amitié, de la faveur d'un grand ou de quelque art particulier par lequel ils se distinguent? Croyez-vous que l'Éternel soit leur Dieu? Non, ils sont idolâtres, car chacun adore l'objet particulier qu'il affectionne. Tant que leurs idoles subsistent, ils se montrent fiers, arrogants, audacieux ; l'avenir se présente à eux plein de charmes ; ils l'attendent sans inquiétude. Leur arrive-t-il de les perdre, on les voit tristes, abattus, pusillanimes. Nous avions donc raison de dire que tout objet auquel nous donnons notre cœur devient pour nous un dieu et remplace l'Éternel. [...]

Que chacun maintenant se replie sur lui-même et qu'il sonde son cœur pour savoir si l'Éternel est en toute vérité son Dieu et s'il n'est point idolâtre [...] L'illusion est dangereuse et devient aisément mortelle. Soyons vrais dans notre examen, et répondons chacun devant Dieu et la main sur la conscience à cette sérieuse question [...] : mon cœur est-il à Dieu ? Ai-je l'Éternel pour soutien, pour Père et pour Sauveur ? Est-ce à lui que je m'adresse dans les bons et les mauvais jours ? N'ai-je d'amour pour aucun autre ? Suis-je prêt à tout abandonner pour le suivre, à renoncer à tout pour lui plaire ? Ou bien me voit-on chancelant, incertain, plus confiant dans les créatures que dans le Créateur ? Suis-je lent à réclamer son secours, prompt à le fuir, lorsque je crois n'avoir besoin de rien, plus soucieux d'obtenir la faveur et la bienveillance des hommes que celle de Dieu ? Dans le premier cas, je suis serviteur de l'Éternel ; dans l'autre, je suis un pauvre idolâtre.[21]

TIMOTHY KELLER

La question précédente nous a montré que pécher, c'est rejeter Dieu, l'ignorer et se rebeller contre lui. C'est considérer Dieu comme n'étant pas Dieu, et ne pas l'honorer comme il le mérite. Les êtres humains font cela de diverses manières, mais dans la Bible, l'idolâtrie est l'exemple de péché le plus fréquemment cité. L'idolâtrie, c'est aimer quelque chose plus que Jésus-Christ. L'idolâtrie, c'est considérer quelque chose comme plus important que Jésus-Christ pour donner un sens à votre vie, vous procurer bonheur, sécurité, espoir ou valeur personnelle. Il est indispensable de comprendre ce qu'est l'idolâtrie : en effet, elle peut se développer dans un domaine de notre vie pendant longtemps, et y prendre racine toujours plus profondément, sans pour autant nous conduire immédiatement à transgresser la loi de Dieu de manière visible et évidente.

Par exemple, si le confort matériel et ma carrière deviennent trop importants pour moi, c'est qu'ils sont mes idoles, et cela peut me conduire à travailler trop et à m'épuiser. Cela peut m'amener à devenir dur et intransigeant. Cela peut empêcher le développement en moi d'un cœur aimant ainsi que du fruit de l'Esprit. Cela peut détériorer mes relations, nuire à ma vie de famille et à mes amitiés. Et tout cela peut durer pendant des années jusqu'à finalement m'entraîner dans le mensonge, la tromperie ou l'adultère. Oui, l'idolâtrie peut conduire à tout cela.

Il est donc très important de comprendre que pécher ne veut pas seulement dire faire de mauvaises choses. Pécher, c'est transformer de bonnes choses en choses essentielles et suprêmes. Cela détruit notre âme, détruit la communauté et déshonore Dieu.

✋ Prière

Dieu Créateur, pardonne-nous d'adorer les choses que tu as créées. Rien ni personne ne devrait être la source de notre espérance ou de notre sécurité. Toi seul es indépendant et autosuffisant. Sois en tout notre tout. Amen.

Question 18

Dieu laissera-t-il impunies notre désobéissance et notre idolâtrie ?

Non, tout péché s'oppose à la souveraineté, à la sainteté, à la bonté de Dieu, et à sa juste loi. Dieu est, à juste titre, irrité par nos péchés et, dans son juste jugement, il les punira, à la fois dans cette vie et dans la vie à venir.

📖 ÉPHÉSIENS 5 : 5-6

Vous le savez bien en effet, aucun être immoral, impur ou toujours désireux de posséder plus – c'est-à-dire idolâtre – n'a d'héritage dans le royaume de Christ et de Dieu. Que personne ne vous trompe par des paroles sans fondement, car c'est pour cela que la colère de Dieu vient sur les hommes rebelles.

💬 Commentaire

CHARLES HADDON SPURGEON (1834 – 1892)

Ne pas punir le coupable reviendrait à exiger que l'innocent endure la souffrance de la condamnation. Imaginez donc quel préjudice, quelle injustice serait infligée à tous les hommes honnêtes de Londres si les voleurs n'étaient jamais punis pour leurs escroqueries. En permettant aux coupables de s'échapper, nous ferions souffrir les innocents. Par conséquent, Dieu, non pas par un choix arbitraire, mais par la nécessité de la justice, doit nous punir pour le mal que nous avons commis.[22]

ALISTAIR BEGG

Lorsque Paul a prêché devant Félix et Drusille, sa prédication portait essentiellement sur les trois points suivants : la justice, la maîtrise de soi et le jugement à venir (Actes 24). Le fait que Félix et Drusille vivaient ensemble une relation d'adultère n'a pas empêché Paul de parler très clairement de la justice de Dieu. C'était, en quelque sorte, la marque de fabrique de Paul lorsqu'il prêchait. À la fin de son discours à Athènes, il affirme la même chose : « [Dieu] a fixé un jour où il jugera le monde » (Actes 17 : 31). La Bible annonce clairement qu'un jour viendra le temps de l'accusation, le temps du jugement et du verdict final. Le jour de la rétribution arrive.

L'idée que Dieu soit trop bon pour se résoudre à condamner qui que ce soit, et qu'au final nous irons tous au paradis, est tout à fait étrangère à la pensée biblique. L'avertissement de Paul en Éphésiens 5 s'adresse à ceux qui ont proclamé leur foi en Jésus. Il les exhorte à ne pas écouter ceux qui vont à l'encontre de ce que Paul leur avait enseigné, à savoir, que ce jour viendra, un jour fixé, un jour où s'exercera une justice parfaite, un jour où le jugement rendu sera absolument définitif.

🖐 Prière

Dieu juste, si nous pensons être bons, nous nous trompons nous-mêmes. Nous méritons ta colère. Nous avons désobéi à tes commandements et nous ne t'avons pas aimé de tout notre cœur, de toute notre pensée et de toutes nos forces. Nous ne pouvons que plaider la justice de Christ et te supplier de faire retomber sur lui notre châtiment. Amen.

Existe-t-il un moyen d'échapper au châtiment et de retrouver la faveur de Dieu?

Oui, pour satisfaire sa justice, Dieu lui-même, par pure grâce, nous réconcilie avec lui et nous délivre du péché et du châtiment qu'il mérite, au travers d'un Rédempteur.

📖 ÉSAÏE 53:10-11

L'Éternel a voulu le briser par la souffrance.

Si tu fais de sa vie un sacrifice de culpabilité,

il verra une descendance et vivra longtemps,

et la volonté de l'Éternel sera accomplie par son intermédiaire.

Après tant de trouble, il verra la lumière et sera satisfait.

Par sa connaissance, mon serviteur juste procurera la justice à beaucoup d'hommes;

c'est lui qui portera leurs fautes.

💬 Commentaire

JONATHAN EDWARDS (1703 – 1758)

Pour les chrétiens, existe-t-il autre chose, dans les cieux ou sur la terre, qui pourrait être aussi digne de leur admiration et de leur amour, de leurs désirs les plus ardents et les plus sincères, de toute leur espérance et de toute leur joie, et de leur zèle passionné, que tout ce que l'Évangile de Jésus-Christ nous a apporté ? Cet Évangile dans lequel non seulement des choses sont présentées comme efficaces pour bouleverser notre vie, mais sont également exposées de la manière la plus bouleversante qui soit. Notre Dieu bienheureux est seul digne d'être l'objet de notre admiration et de notre amour. Sa gloire et sa beauté sont exposées dans l'Évangile de la manière la plus bouleversante que l'on puisse concevoir, ainsi qu'elle apparaît, rayonnante de tout son éclat, sur le visage d'un Rédempteur incarné, infiniment aimant, doux, empli de compassion et agonisant sur la croix. Toutes les qualités de l'Agneau de Dieu, son humilité, sa patience, sa douceur, sa soumission, son obéissance, son amour et sa compassion sont exposées à nos yeux de la manière la plus propice qui soit pour susciter nos affections. Elles ont toutes connu leur plus rude mise à l'épreuve, et leur plus difficile mise en pratique, mais aussi leur plus éclatante manifestation, lorsqu'il traversait les circonstances les plus bouleversantes de sa vie. Et en particulier lorsqu'il connut ses dernières souffrances, le supplice indicible et inégalé qu'il endura à cause de sa merveilleuse bonté et de sa compassion envers nous. Dans ces mêmes circonstances, la nature odieuse de nos péchés s'est manifestée de la façon la plus bouleversante alors que nous constatons leurs effroyables effets dans ce que notre Rédempteur, qui se chargea de répondre de ces péchés à notre place, a souffert à cause d'eux. Nous avons ici la démonstration la plus bouleversante de la haine de Dieu envers le péché, de sa colère et de sa justice pour le punir. Sa justice se manifeste dans la sévérité et l'inflexibilité du châtiment, et sa colère dans sa nature terrifiante, alors qu'il fait porter la punition effroyable de nos péchés à celui qui était infiniment précieux à ses yeux, celui qui nous aimait tant. Ainsi, Dieu a disposé toute chose, en ce qui concerne notre rédemption, et toutes ses dispensations glorieuses révélées dans l'Évangile, comme si tout était intentionnellement orchestré de telle sorte que la partie la plus sensible de notre cœur puisse le plus possible être touché, et que nos affections nous poussent à l'action avec sagesse et force. Oh ! Combien devrions-nous donc nous humilier jusque dans la poussière de ne pas en être plus bouleversés !²³

FLORENT VARAK

Notre notion de justice repose sur une forme de compensation. Le conducteur en excès de vitesse, le fraudeur du métro, s'acquitteront d'une amende pour compenser l'infraction. Le criminel sera privé de sa liberté jusqu'à ce qu'il ait « payé sa dette à la société ». Il est naturel de reporter sur Dieu cette forme de justice, et ceux qui ressentent plus profondément leur déchéance morale se disent qu'ils « doivent » quelque chose à Dieu. Comment régler cette dette ?

Les civilisations ont concocté différents systèmes pour punir le mal et tenter d'en limiter l'expression. Les spiritualités orientales ont imaginé la loi du karma : une personne paye par ses souffrances actuelles les fautes commises dans des vies antérieures. C'est aussi le cas de certaines religions monothéistes : si je souffre beaucoup, ici ou dans un purgatoire futur, cela compensera mes péchés. Ces religions ont échafaudé un système complexe de compensation où le paiement s'effectue par l'observance religieuse (jeûnes, pèlerinages, prières, offrandes financières, etc.), par la réalisation d'œuvres caritatives, ou par la médiation bienfaisante d'un « homme de Dieu ». Tout ceci dans l'espoir de conjurer une divinité assoiffée de l'effort de ses sujets pour réduire le « montant » de la punition.

La justice de Dieu n'a qu'un seul point en commun avec celle des hommes : l'existence d'une dette à payer. Une somme exorbitante qui se chiffre en milliards d'euros (10 000 talents dans la parabole du serviteur impitoyable, Matthieu 18:24). Ce montant extravagant signifie tout simplement que la dette n'est pas remboursable. Personne ne peut « rembourser » Dieu à hauteur du préjudice.

Personne, sinon Christ, qui s'occupe personnellement de cette dette.

Jésus devient péché pour nous (2 Corinthiens 5:21), il reçoit la malédiction suscitée par nos errements (Galates 3:13-15). La dette a été « placée » sur les épaules du Fils de Dieu, qui l'emporte dans son sacrifice. La justice de Dieu est radicalement différente de la nôtre.

Cette transaction, par laquelle Dieu le Père punit son Fils à notre place pour nous revêtir de la justice du Fils, est un échange extraordinaire. Sa justice ne s'obtient donc pas par une compensation mais par une substitution. Jésus prend ma place. Sa vie parfaite remplace la mienne, déficiente. Sa mort me délivre d'une mort éternelle. Sa résurrection m'établit dans sa maison. Je lui confie mon mal et il me donne sa perfection. Dieu m'accorde cette justice gratuitement, par pure grâce, parce qu'il a payé le prix de mon injustice. Le pardon n'est pas gratuit dans l'absolu, mais son coût a été pleinement payé par le Messie.

Véritablement, il a porté « nos souffrances […] il était transpercé à cause de nos crimes, écrasé à cause de nos fautes ; le châtiment qui nous donne la paix est tombé sur lui, et c'est par ses meurtrissures que nous sommes guéris » (Ésaïe 53 : 4-5). Ce poème d'Ésaïe, rédigé huit siècles avant les faits, nous apprend que Dieu s'est plu à briser son Fils par la souffrance (53 : 10). Parce que de toute éternité, un pacte était en place : le Fils s'incarnerait pour donner sa vie (Jean 10 : 17-18 ; Philippiens 2 : 5-11), le Père ferait une alliance éternelle et définitive de ce sang (Hébreux 12 : 24 ; 13 : 20), et l'Esprit en conférerait la vitalité par une présence éternelle au sein du croyant (Jean 14 : 7 ; Tite 3 : 5).

Dieu s'est plu à sauver ainsi. Aujourd'hui, l'individu lourdement chargé de fautes tout comme celui qui l'est moins, accèdent au même salut, car c'est sans mérite de leur part. De quoi susciter un chant émerveillé et reconnaissant des rachetés qui célèbrent la gloire de sa grâce (Éphésiens 1 : 6, 12) !

🖐 Prière

Ô toi le grand réconciliateur, merci de nous avoir ouvert un chemin. Tu as été parfait, en justice et en miséricorde. Nous acceptons le salut que nous ne méritons pas. Nous venons devant toi dans le nom de Jésus-Christ, ton Fils bien-aimé, et plaçons notre confiance dans ses mérites plutôt que dans les nôtres. Amen.

Question 20

Qui est le Rédempteur ?

L'unique Rédempteur est le Seigneur Jésus-Christ, le Fils éternel de Dieu, en qui Dieu s'est fait homme portant ainsi lui-même le châtiment du péché.

📖 1 TIMOTHÉE 2:5

En effet, il y a un seul Dieu et il y a aussi un seul médiateur entre Dieu et les hommes : un homme, Jésus-Christ.

💬 Commentaire

JEAN CHRYSOSTOME (347 – 407)

Le Fils unique, qui est avant tous les siècles, que l'on ne peut ni toucher ni appréhender, lui qui est unité, incorporel, a revêtu un corps mortel et visible comme le mien. Et pour quelle raison ? Pour qu'en venant parmi nous il nous enseigne, et qu'ainsi enseignés il nous conduise par la main vers les choses invisibles aux humains. Car puisque les hommes accordent plus de confiance à ce que leurs yeux voient qu'à ce que leurs oreilles entendent, ils doutent lorsqu'ils ne voient pas. Il s'est donc abaissé et s'est révélé dans un corps, afin que tout prétexte fût enlevé à l'incrédulité [...]

L'Ancien des jours devient nourrisson. Celui qui est assis sur un trône céleste, élevé, repose maintenant dans une mangeoire.

Celui que l'on ne peut toucher, celui qui est unité, qui n'est pas composé de parties, et qui n'a point de corps est à la merci des mains humaines. Celui qui a libéré les pécheurs est désormais prisonnier dans les langes du nourrisson. Mais il a résolu de changer l'ignominie en honneur, de revêtir l'infamie de gloire, et décréter l'humilité suprême comme la mesure de sa bonté.

C'est pourquoi il a pris mon corps, afin que je puisse porter en moi sa Parole. En prenant ma chair, il m'accorde son Esprit. Ainsi, alors qu'il donne et que moi je reçois, il prépare pour moi un trésor de vie. Il prend ma chair, afin de me sanctifier ; il me donne son Esprit, afin de me sauver.[24]

MARK DEVER

Le Rédempteur, c'est Jésus-Christ, le Fils éternel de Dieu. Le Fils éternel de Dieu est devenu homme et a vécu une vraie vie humaine, comme la nôtre. Pendant un peu plus de trente ans, au cours du premier siècle de notre ère, Jésus a vécu comme vous et moi ; la seule différence, c'est que lui a toujours fait confiance à Dieu. Sa confiance en son Père était totale. Pensez à des situations précises, des choses que vous avez vécues hier ou avant-hier, dans lesquelles vous auriez dû faire confiance à Dieu, mais vous ne l'avez pas fait... Dans ces mêmes circonstances, Jésus, lui, a obéi à Dieu. Il était confiant, Dieu savait mieux que lui, et il devait suivre la volonté de son Père.

Lorsque je repense à ma vie passée, j'ai conscience de ne pas avoir vécu de cette manière. Mais le Rédempteur, Jésus-Christ, l'a fait. Il est appelé le Rédempteur car il rachète son peuple. Il nous redonne de la valeur.

Quand j'étais petit, il existait toutes sortes de vignettes ou timbres que l'on recevait lorsqu'on achetait certains produits. On accumulait ces timbres, puis on les échangeait contre des marchandises d'une certaine valeur. De la même manière, Jésus est celui qui fixe notre valeur. Il nous redonne de la valeur. Il donne sa propre vie, sur la croix, pour tous ceux qui se repentent de leurs péchés et qui se confient en lui. Il est notre Rédempteur, celui qui nous rachète. Il a estimé que nous avions de la valeur, bien que nous ayons gâché notre vie en refusant de faire confiance à notre Père céleste, de lui obéir et de le craindre. En réalité, il est venu et a donné sa vie à notre place, il a échangé sa vie contre la nôtre, il nous a rachetés. Il a vécu une vie de confiance en Dieu, et il a enduré une mort qu'il ne méritait pas. Mais il l'a fait, par amour pour nous. Il s'est donné pleinement pour nous afin de pouvoir être, comme le dit la Bible, notre Rédempteur, Celui qui vient à notre secours.

L'idée de rédemption est symbolisée dans l'Ancien Testament lorsque Dieu fait sortir son peuple d'Égypte, brisant ses chaînes et le libérant ainsi de l'esclavage. Dans le Nouveau Testament, Jésus le Rédempteur nous délivre de notre état naturel d'esclaves du péché, cet état d'asservissement destructeur à nos propres désirs égoïstes. Dieu, dans son immense amour, a envoyé son Fils unique, qui a vécu de manière parfaite sur la terre et qui est mort sur la croix puis ressuscité d'entre les morts, afin de nous amener à lui, de nous racheter. Voilà ce que nous proclamons lorsque nous disons que Jésus-Christ est notre Rédempteur.

Prière

Précieux Rédempteur, avant que le monde n'existe, tu nous aimais. Tu as renoncé à ta gloire pour porter notre honte. Tu as glorifié ton Père en lui étant obéissant jusqu'à la croix. Tu mérites de recevoir nos louanges, notre reconnaissance et notre adoration. Nous n'avons d'espérance qu'en toi. Amen.

Christat,
la rédemption,
la grâce

Christ,
la rédemption,
la grâce

Question 21

Quelle sorte de rédempteur faut-il pour nous ramener à Dieu?

Un rédempteur qui soit à la fois véritablement humain et véritablement Dieu.

📖 ÉSAÏE 9 : 5

En effet, un enfant nous est né, un fils nous a été donné,
et la souveraineté reposera sur son épaule ;
on l'appellera merveilleux conseiller, Dieu puissant,
Père éternel, Prince de la paix.

💬 Commentaire

AUGUSTIN D'HIPPONE (354 – 430)

Le Verbe du Père, par qui ont été formés tous les temps, qui n'a pas de commencement, qui ne peut être ni touché ni appréhendé, est devenu chair, et pour nous, il est né dans le temps […] Il est devenu homme, lui qui a fait l'homme, afin que celui qui règle le cours des astres soit nourri à la mamelle. Afin que lui, le pain, connaisse la faim ; afin que lui, la source, connaisse la soif ; afin que lui, la lumière, connaisse le sommeil ; afin que lui, le chemin, connaisse la fatigue de la route [...] afin que la Vie connaisse la mort.

Celui qui existait comme Fils de Dieu avant tous les siècles, celui qui n'a pas de commencement, a daigné devenir le Fils de l'homme en ces derniers temps.

Celui qui endura toutes ces indignités à notre place n'avait fait aucun mal. Et nous qui étions au bénéfice de tant de bontés de ses mains, nous ne méritions aucun bienfait.

Engendré du Père, il n'a pas été créé par le Père. Il a été créé homme, dans le sein d'une mère qu'il avait lui-même créée, afin de naître en ce monde de celle qui jamais et nulle part n'aurait pu exister sinon par sa puissance.[25]

BRYAN CHAPELL

Pourquoi avons-nous besoin d'un Rédempteur véritablement humain ? D'une part pour qu'il puisse s'identifier à nous. La Bible dit qu'« il a été tenté en tout point comme nous, mais sans commettre de péché » (Hébreux 4:15). Il a vécu les mêmes expériences que nous, c'est pourquoi il comprend ce que nous traversons. Il est notre Grand Prêtre. Il comprend notre souffrance. Dieu peut s'identifier à nous. Il l'a fait, par exemple, lorsqu'il a affronté les difficultés de l'existence humaine, souffert l'humiliation et connu des conditions précaires. Mais il l'a fait tout en restant parfaitement obéissant, sans douter de l'amour de son Père et sans hésiter à suivre le chemin préparé par lui.

Cela signifie non seulement que Jésus a pu s'identifier à ce que nous vivons en tant qu'êtres humains, mais aussi qu'il a pu devenir notre substitut parfait. À cause de mon péché, je suis séparé de Dieu. Il est saint ; je ne le suis pas. Et parce que Dieu est juste et saint, il ne peut s'identifier à mon péché. Dieu a dû trouver un moyen de transférer mon péché sur quelqu'un d'autre. Il l'a fait en envoyant son Fils dans un corps d'homme, sous une forme humaine. Le Fils a vécu une vie sans péché et a ainsi pu devenir le substitut qui porte mon péché.

Jésus a vécu une vie parfaitement juste, et c'est pourquoi, lorsque sur la croix il a volontairement enduré le châtiment de mon péché, il a pu être un substitut juste, adapté et parfait pour mon péché, et pour ton péché. Jésus a pu s'identifier à ce que nous vivons, mais parce qu'il a vécu dans l'obéissance parfaite, il est devenu le parfait substitut pour porter notre péché. S'étant identifié à nous, il a pris notre péché sur lui. Ainsi, lorsqu'il est ressuscité d'entre les morts et qu'il est monté auprès de son Père, il est devenu notre parfait défenseur. Il connaît nos forces et nos faiblesses. Parce qu'il conserve ses caractéristiques et fonctions humaines dans sa nature divine, il comprend toujours tout ce que nous vivons en tant qu'humains et sait exactement ce dont nous avons besoin.

Mais il est aussi Dieu. Et parce que Jésus est Dieu, il est capable d'accomplir ce pour quoi il est venu. Encore maintenant, il peut diriger notre monde et faire en sorte que tout ce que Dieu prévoit pour nos vies se réalise. Parce qu'il est Dieu, il a pu non seulement, par sa mort, se livrer pleinement en sacrifice pour nos péchés, et payer notre dette, mais il est aussi ressuscité. La mort n'a pas pu le vaincre. Parce que Jésus est vivant, parce qu'il est souverain, parce qu'il est divin et qu'il a été élevé auprès de Dieu, il continue à plaider en notre faveur. Mais plus encore que plaider pour nous, Jésus accomplit les plans de Dieu dans nos vies. Il est le Dieu qui accomplit tout ce dont nous avons besoin, étant aussi l'homme qui comprend tout ce dont nous avons besoin et pourvoit à tous nos besoins.

Jésus, Dieu parfait, homme parfait, est le Rédempteur dont nous avions besoin. Il a accompli ce qui devait être accompli en s'identifiant à notre humanité et en faisant ce que Dieu avait à faire pour nous sauver.

🖐 Prière

Fils de Dieu et Fils de l'Homme, les prophéties ont annoncé ta venue des générations durant. Seul quelqu'un à la fois divin et humain pouvait vivre en parfaite obéissance et devenir un sacrifice acceptable pour notre péché. Il n'y a pas d'autre chemin vers Dieu qu'à travers toi. Amen.

Question 22

Pourquoi le Rédempteur doit-il être véritablement humain?

Afin que dans sa nature humaine, il puisse obéir parfaitement, à notre place, à toute la loi et endurer le châtiment que mérite le péché des hommes; c'est également pour qu'il puisse compatir à notre faiblesse.

📖 HÉBREUX 2:17

Par conséquent, il devait devenir semblable en tout à ses frères afin d'être un grand-prêtre rempli de compassion et fidèle dans le service de Dieu pour faire l'expiation des péchés du peuple.

💬 Commentaire

ATHANASE D'ALEXANDRIE (296 – 373)

La Parole savait en effet que la mort était une condition indispensable à l'anéantissement de la corruption des hommes, mais étant elle-même immortelle, et Fils du Père, il était impossible pour la Parole de connaître la mort. Elle revêtit donc un corps corruptible afin que celui-ci soit (en participant à la nature de la Parole qui règne au-dessus de tout) rendu digne de mourir à la place de tous, et qu'il puisse (à cause de la Parole qui est venue demeurer en lui) rester incorruptible, et que tous puissent être mis à l'abri de la corruption, par la grâce de la résurrection. Ainsi, en offrant à la mort le corps que la Parole avait elle-même revêtu, comme une offrande et un sacrifice dépourvus de toute souillure, elle a aussitôt éloigné la mort de tous les siens en s'offrant comme substitut. Parce qu'elle règne au-dessus de tout, la Parole de Dieu, en offrant son propre temple et instrument corporel pour la vie de tous, a naturellement réglé la dette par sa mort. Par conséquent, lui, le Fils incorruptible de Dieu, étant uni avec tous les hommes par une nature semblable à la leur, les a naturellement revêtus de l'incorruptibilité, par la promesse de la résurrection.[26]

THABITI ANYABWILE

Nous, les êtres humains, sommes déchus. Et nous sommes si déchus et depuis si longtemps que nous pensons être le standard de ce qu'est la véritable humanité. C'est frappant. Nous disons des choses comme « L'erreur est humaine. » Et puis, sans nous en rendre compte, nous commençons à définir l'humanité à partir de son côté déchu, abîmé, incomplet. Mais si nous définissons l'humanité de cette manière, que faisons-nous de Jésus ? Que faisons-nous de Jésus qui a revêtu notre humanité et qui, pourtant, comme la Bible le dit, est sans péché et ne commet aucune erreur ?

Jésus nous révèle ce qu'est vraiment l'humanité. À travers son incarnation, sa vie terrestre et son ministère, nous voyons ce que l'humanité était censée être, ce pour quoi Adam a été créé, mais que, dans son péché et dans sa chute, il a détruit. Ainsi, comme Romains 5 l'enseigne, Adam, le premier homme, pèche, et, par son péché, la mort entre dans le monde. Mais c'est alors qu'intervient un second Adam, le véritable Adam : Christ, véritablement homme. Et ce que Christ accomplit dans son humanité est absolument incroyable. Dans son humanité, il offre à Dieu tout ce que nous lui devons. Dans son humanité, dans sa parfaite obéissance aux commandements de Dieu, il offre à Dieu l'obéissance que nous refusons de lui donner (et que nous ne pourrions lui donner) à cause de notre nature déchue et pécheresse.

Il est absolument essentiel que nous voyions en Christ une justice parfaite, car il est juste à notre place. La seule justice dont nous aurons jamais besoin se trouve en la personne du Fils de Dieu, qui a revêtu notre chair, notre apparence, notre nature humaine. Non seulement il nous offre la justice, mais encore, en mourant sur la croix, notre Sauveur règle la dette de l'humanité. Il meurt à notre place. Nous devons à Dieu non seulement de vivre dans la justice, mais maintenant, parce que nous n'avons pas été justes, nous lui devons aussi notre vie, notre mort, notre sang. Christ prend notre place, et il fournit pour nous le sacrifice qui satisfait la demande de justice de Dieu et sa juste décision de punir les péchés.

Ainsi, pour devenir notre Grand Prêtre parfait, pour être pour nous l'offrande parfaite, Jésus devait être un avec nous. Il devait lui-même revêtir notre nature et, dans cette nature, manifester aux yeux de tous ce qu'était l'humanité. Il devait aussi révéler ce qu'elle était sensée vivre : la justice devant Dieu, l'obéissance à Dieu, l'adoration de Dieu, l'amour de Dieu. Et il dévoile aussi ce que l'humanité mérite, lorsqu'il subit le châtiment pour notre péché sur la croix du Calvaire. Il a voulu devenir ce Grand Prêtre, un Grand Prêtre parfait, qui peut désormais compatir à notre situation, qui connaît nos souffrances, nos échecs, nos problèmes, et connaît tout cela intimement parce qu'il l'a expérimenté dans un corps semblable au nôtre. Et grâce à cela, il peut poser sur l'humanité un regard plein de compassion, et peut représenter parfaitement l'humanité devant Dieu.

Il était donc nécessaire qu'il soit rendu semblable à nous en toutes choses, mais sans péché.

🙏 Prière

Fidèle Grand Sacrificateur, tu as été tenté comme nous en toute chose, et pourtant tu es resté parfaitement obéissant. Merci parce que tu connais nos faiblesses. Garde-nous d'excuser ou de nier notre péché. Nous acceptons avec joie ton échange : tu es mort à notre place. Amen.

Question 23

Pourquoi le Rédempteur doit-il être véritablement Dieu?

Afin que sa nature divine rende son obéissance et sa souf-france parfaites et efficaces; et également pour qu'il soit capable de subir la juste colère de Dieu contre le péché et de triompher malgré cela de la mort.

📖 ACTES 2:24

Mais Dieu a brisé les liens de la mort, il l'a ressuscité, parce qu'il n'était pas possible qu'elle le retienne.

💬 Commentaire

JEAN CHRYSOSTOME (347 – 407)

Que personne ne se lamente sur ses fautes,
car le pardon a jailli du tombeau.
Que personne ne craigne la mort,
car la mort du Sauveur nous en a libérés.
Il a détruit la mort, lui que la mort avait étreint.
Il a dépouillé le séjour des morts,
lui qui est descendu au séjour des morts.
Il a rempli le séjour des morts de colère
pour avoir goûté de sa chair.

Et cela, Ésaïe l'avait annoncé :
« l'enfer fut irrité lorsqu'il t'a rencontré ».
En colère, car il était anéanti.
En colère, car il était tourné en ridicule.
En colère, car il était mis à mort.
En colère, car il était enchaîné.
Il avait saisi un corps, il a rencontré Dieu face à face.
Il avait saisi la terre, il rencontra le ciel.
Il avait saisi le visible, il s'est trouvé face à l'invisible.
Ô mort, où est ton aiguillon ?
Ô séjour des morts, où est ta victoire ?
Le Christ est ressuscité, et toi tu es terrassé.
Le Christ est ressuscité, et les démons sont tombés.
Le Christ est ressuscité, et les anges sont dans la joie.
Le Christ est ressuscité, et voici que règne la vie.
Le Christ est ressuscité, et il n'est plus de mort
dans les tombeaux.
Car le Christ est ressuscité des morts,
prémices de ceux qui se sont endormis.
À lui gloire et puissance dans les siècles des siècles.
Amen.[27]

PIERRE CONSTANT

Si nous avons besoin d'un Rédempteur qui soit véritablement humain, nous avons aussi besoin d'un Rédempteur qui soit véritablement divin. En étant parfaitement Dieu, Jésus a pu réellement nous révéler le Père, vivre une vie parfaite et sans péché, et subir la condamnation divine à notre place.

Le Nouveau Testament déclare sans équivoque que Jésus est le Fils de Dieu, et Dieu le Fils. « En lui habite corporellement toute la plénitude de la divinité » écrit l'apôtre Paul (Colossiens 2 : 9). « La Parole était Dieu … et la Parole a été faite chair (ou : « s'est faite homme »), et elle a habité parmi nous » annonce l'apôtre Jean (Jean 1 : 1, 14). Si nous désirons savoir à quoi Dieu ressemble, nous n'avons qu'à regarder à la personne de Jésus. Jésus dit un jour à

Philippe : « Celui qui m'a vu, a vu le Père » (Jean 10 : 9). Notre foi s'enracine dans la révélation de Dieu en Jésus-Christ et se nourrit de ce qu'en Jésus, Dieu s'est fait connaître (Jean 1 : 18). C'est en Jésus que nous contemplons la gloire de Dieu lui-même, c'est en lui que nous pouvons véritablement connaître le Père.

Si tout être humain est pécheur, Dieu le Fils a revêtu notre humanité, à une exception près : il a vécu une vie parfaite, sans péché. Celui qui nous révèle le Père et qui s'est offert en sacrifice pour nos péchés était lui-même sans péché. Bien que tenté comme nous à tous égards, il a vécu sans jamais commettre de péché. Grand Prêtre miséricordieux capable de compatir à nos faiblesses parce qu'il est devenu un être humain, Jésus a traversé les cieux et a vécu une vie en parfaite conformité avec la volonté de Dieu le Père. Grâce à sa mort et à sa résurrection, nous pouvons maintenant nous approcher avec assurance du trône de la grâce. Sa vie sans péché fut aussi précieuse que sa mort et sa résurrection furent glorieuses.

Jésus, Dieu fait homme, nous révèle le Père ; il connaît une vie sans péché, modèle d'une parfaite humanité. Le fait que notre Rédempteur soit véritablement Dieu répond enfin à notre plus grand besoin : celui d'être pardonnés de nos péchés.

Nos péchés ne sont pas dirigés d'abord contre des êtres humains, mais contre Dieu. Et c'est Dieu lui-même qui doit nous accorder le pardon de nos péchés. Alors que les êtres humains cherchent à prendre la place de Dieu et à déterminer par eux-mêmes ce qui est bien ou mal, Dieu prend une forme humaine, revêt nos péchés à la croix du Calvaire, et endosse notre culpabilité.

La mort de Jésus n'a pas été un accident de parcours dans l'histoire humaine, ou le résultat d'un guet-apens. Bien au contraire, la mort de Jésus s'inscrit dans le plan parfait de Dieu. Jésus a déclaré être sans péché, demandant aux Juifs cherchant à l'accuser à maintes reprises : « Qui de vous me convaincra de péché ? » (Jean 8 : 46). Aux Juifs qui le traitaient de fou et l'accusaient d'avoir un démon, Jésus a affirmé : « Le Père m'aime, parce que je donne ma vie, afin de la reprendre. Personne ne me l'ôte, mais je la donne de moi-même.

J'ai le pouvoir de la donner et j'ai le pouvoir de la reprendre ; tel est l'ordre que j'ai reçu de mon Père » (Jean 10 : 17-18). Celui qui donne sa vie pour ses brebis se trouve être Dieu lui-même, ayant vécu une vie parfaite et sans aucun péché. Notre souverain sacrificateur n'a pas besoin de s'offrir plusieurs fois pour nos péchés ; sa vie parfaite et son sacrifice parfait font en sorte que sa mort à la croix du Calvaire a eu lieu une fois pour toutes, et que nous sommes sanctifiés par l'offrande de son corps, une fois pour toutes (Hébreux 10 : 10, 12).

Notre Rédempteur, Jésus-Christ, est venu ici-bas nous révéler le Père, a vécu une vie parfaite et sans péché, et a offert sa vie en sacrifice parfait pour nos propres péchés. Dans la vie, la mort et la résurrection de Jésus-Christ, la justice de Dieu est complètement et éternellement satisfaite.

🙏 Prière

Dieu le Fils, à cause de notre péché nous n'aurions jamais pu endurer la colère de Dieu ou vaincre la mort. Toi seul, dans ta sainteté, pouvais souffrir la juste punition du péché et anéantir la mort. Merci de nous avoir ouvert un chemin vers Dieu, pour que nous puissions jouir de sa présence pour toute l'éternité. Amen.

Question 24

Pourquoi était-il nécessaire que Christ, le Rédempteur, meure?

La mort étant la conséquence du péché, Christ est mort volontairement à notre place pour nous délivrer de la puissance et du châtiment du péché, afin de nous ramener à Dieu. Par sa mort substitutive et expiatoire, Christ seul nous rachète de l'enfer et nous acquiert le pardon du péché, la justice et la vie éternelle.

📖 COLOSSIENS 1:21-22

Et vous qui étiez autrefois étrangers et ennemis de Dieu par vos pensées et par vos œuvres mauvaises, il vous a maintenant réconciliés par la mort [de son Fils] dans son corps de chair pour vous faire paraître devant lui saints, sans défaut et sans reproche.

🗨 Commentaire

ATHANASE D'ALEXANDRIE (296 – 373)

Ainsi, il revêtit un corps semblable au nôtre, puisque tous nos corps sont sujets à la corruption de la mort, et il livra son corps à la mort à notre place à tous, en l'offrant au Père. Il fit ceci par pur amour pour nous, afin que tous puissent mourir dans sa mort et que la loi de la mort soit ainsi abolie. En effet, ayant accompli dans son corps l'objectif qui lui avait été assigné, elle fut en conséquence dépossédée de son pouvoir sur les hommes. Il accomplit ceci afin de remettre sur le chemin de l'incorruptibilité des hommes qui étaient retournés vers la corruption, et de les ramener à la vie au travers de l'identification de sa mort corporelle et au travers de la grâce de sa résurrection. Ainsi, il ferait disparaître la mort en eux aussi complètement que la paille disparaît au milieu du feu.[28]

MARK DEVER

Pourquoi était-ce nécessaire que Christ, le Rédempteur, meure? C'est une question difficile. Je ne sais pas s'il en existe une plus difficile que celle-ci. Christ a vécu une vie parfaitement juste, la vie que toi et moi aurions dû vivre. Il a vécu une vie d'amour et de service. Il a vécu une incroyable vie de confiance en son Père céleste. Cette question est donc primordiale : Pourquoi quelqu'un comme lui devait-il mourir? Pourquoi était-ce moralement nécessaire?

Pour sa part, il n'avait pas à mourir à cause de lui-même. Si on ne pense qu'à la personne de Jésus, la croix n'était pas nécessaire. Non, il est mort pour pouvoir devenir le Rédempteur. C'était sa volonté et la volonté de son Père céleste de nous racheter. C'était sa volonté de donner sa vie, de se sacrifier en mourant sur la croix, afin de nous sauver du châtiment que nous méritions. Parce que Dieu est bon, il punit le péché. Ces choses mauvaises que toi et moi avons faites en secret, Dieu les connaît. Dieu est réel. Il n'est pas juste un concept. Il n'est pas le fruit de notre imagination. Et ce Dieu est tellement attaché à ce qui est juste et bon que tout péché doit être puni. Et c'est là que Jésus entre en scène. Jésus a décidé de devenir notre Rédempteur. Son Père céleste a voulu qu'il se livre en sacrifice comme notre Substitut. Ce terme est souvent utilisé pour parler de Jésus : il est notre Substitut, il est mort pour nous, il est mort à ma place, à ta place. Jésus est notre Substitut si nous nous repentons de nos péchés, nous en détournons et nous confions en lui.

Pourquoi, alors, était-ce nécessaire que le Rédempteur meure? Parce que c'était le seul moyen pour que toi et moi vivions.

✋ Prière

Sauveur rédempteur, merci de ne pas avoir renoncé, mais d'avoir tout supporté jusqu'à la mort sur la croix, et au-delà. Grâce à ta mort, nous pouvons vivre éternellement. Sachant cela, aide-nous à faire face à notre propre mort avec courage, foi et espérance. Amen.

Question 25

La mort de Christ signifie-t-elle que tous nos péchés peuvent être pardonnés?

Oui. Parce que la mort de Christ sur la croix a payé totalement la rançon de notre péché, Dieu nous impute par grâce la justice de Christ, comme si elle était la nôtre, et il ne se souviendra plus de nos péchés.

📖 2 CORINTHIENS 5:21

Celui qui n'a pas connu le péché, il l'a fait devenir péché pour nous afin qu'en lui nous devenions justice de Dieu.

💬 Commentaire

RICHARD SIBBES (1577 – 1635)

Bien qu'un seul péché ait suffi à entraîner la condamnation, le don gratuit de la grâce en Christ couvre de nombreuses offenses, en vue de la justification. Le fondement de cette affirmation est solide: la justice du Christ est la justice de Dieu, et Dieu la glorifiera donc, afin qu'elle se révèle toute suffisante pour ceux qui, par la foi, l'appliquent à leurs péchés quotidiens, et ce jusqu'au jour où nous cesserons à la fois de vivre et de pécher. C'est dans ce but que le fils de Dieu est volontairement devenu péché, afin que nous en soyons délivrés. Et si tous nos péchés placés sur le Christ n'ont pas pu éloigner l'amour que Dieu portait à son fils, éloigneraient-ils l'amour de Dieu envers nous, alors que par le sang du Christ, nos âmes en sont débarrassées ? Ô quelle miséricorde ! Qu'il consente ainsi à nous faire siens, alors que tous les anges du ciel observent cela, émerveillés. Son Fils a non seulement endossé notre nature et notre misérable condition, mais il a aussi porté notre péché sur lui afin qu'une fois son œuvre accomplie, nous ayons par le Christ de l'assurance devant Dieu. Le Christ est maintenant dans les cieux devant le Père, et il intercède pour nous, jusqu'au jour où il nous ramènera dans notre demeure céleste, et nous présentera à son Père comme lui appartenant pour toujours ![29]

ALISTAIR BEGG

Il y a quelques années, quand j'ai appris que je souffrais d'un cancer, ma préoccupation première était de savoir si le chirurgien pourrait tout enlever. Un traitement qui ne serait que partiel ne m'intéressait pas. Quand on pense à Jésus portant nos péchés, le merveilleux mystère de l'Évangile, c'est qu'il n'en laisse pas un seul de côté. Lui qui était parfait à tous égards, il est mort à la place de pécheurs, s'identifiant à nous dans notre culpabilité et assumant le châtiment que nous méritions. Quand Paul écrit aux Corinthiens, il leur explique que Dieu ne les charge pas de leurs péchés. Et cela s'explique par le fait qu'il l'a chargé, lui, de tous ces péchés. Jésus n'est pas mort en martyr, il est mort en substitut. L'invitation de l'Évangile s'adresse à tout le monde, mais l'assurance de recevoir le pardon n'est que pour ceux qui sont en Jésus, ceux dont les péchés lui sont imputés.

Le prêtre anglican Augustus Toplady a très bien décrit ce sentiment de sécurité dans les paroles de ce chant :

Rocher des âges, brisé pour moi,
En toi laisse-moi me cacher.
Que l'eau et le sang,
Qui de ton côté percé ont coulé,

Soient le double remède à mon péché,
Me lavent de son emprise et de ma culpabilité[30].

Pierre affirme que les anges eux-mêmes désirent plonger leurs regards dans cette réalité (1 Pierre 1 : 12). Et ce qu'ils observent de loin, le croyant le connaît parfaitement.

Ce qui est merveilleusement incroyable, c'est que notre désobéissance est entièrement couverte par l'obéissance de notre Seigneur Jésus. Tous nos péchés sont réglés à tout jamais.

Prière

Père miséricordieux, lorsque nous sommes couverts par la justice de Jésus, tu ne te souviens plus de nos péchés. Tu les as éloignés de nous autant que l'Orient est éloigné de l'Occident. Aide-nous à ne pas douter de ton pardon, de ta grâce et de ton amour, mais à nous présenter avec audace devant toi comme tes enfants bien-aimés. Amen.

Question 26

Quels autres bénéfices la mort de Christ offre-t-elle à l'homme?

La mort de Christ marque le début de la rédemption et du renouvellement de l'ensemble de la création déchue, dans la mesure où Dieu dirige toute chose avec puissance pour sa propre gloire et pour le bien de la création.

📖 COLOSSIENS 1:19-20

En effet, Dieu a voulu que toute sa plénitude habite en lui. Il a voulu par Christ tout réconcilier avec lui-même, aussi bien ce qui est sur la terre que ce qui est dans le ciel, en faisant la paix à travers lui, par son sang versé sur la croix.

💬 Commentaire

JOHN BUNYAN (1628 – 1688)

Jésus est un Rédempteur, c'est son nom. C'est pour cette raison qu'il est venu dans le monde, afin de racheter son peuple, le racheter de toute iniquité (Tite 2:14), de ce monde mauvais, de nos vaines manières de vivre. Son sang précieux a été versé pour nous racheter: nous sommes rachetés à un grand prix (1 Corinthiens 6:20). Nous ne nous appartenons pas, nous sommes à lui, rachetés par son sang. Et nous pouvons être assurés de son amour pour nous, car c'est à cause ce précieux amour qu'il nous a rachetés. S'il ne nous avait pas aimés d'un tel amour, il ne se serait jamais livré pour nous (Galates 2:20). Voici le témoignage le plus puissant de son amour: il nous a aimés et nous a lavés de nos péchés par son sang (Apocalypse 1:5). Il nous sauvera de la colère à venir.[31]

MIKE EVANS

Avant de nous entretenir de l'étendue et de la toute suffisance de la rédemption acquise par Christ, Paul nous exhorte à réfléchir sur sa suprématie:

Colossiens 1:15-18
Il est l'image du Dieu invisible...
Tout a été créé par lui et pour lui...
Il est avant toutes choses et tout subsiste en lui...
Il est la tête du corps de l'Église...
Il est le commencement, le premier né d'entre les morts...
... afin d'être en tout le premier.

C'est lorsque nous avons compris l'importance de son statut ou, plus exactement, lorsque nous avons été saisis par lui, que nous pouvons appréhender l'immensité de son œuvre. Ce qu'il est éclaire ce qu'il fait. Dit autrement, sa rédemption parfaite et totale dépend de sa prééminence sur toutes choses.

Ce texte nous rappelle que c'est par Christ que Dieu a créé l'univers et que c'est par lui qu'il le rachète. Pour contrer les philosophies erronées qui circulaient à Colosses du temps de Paul, il fallait que celui-ci affirme qu'il n'existait aucune dichotomie entre le spirituel et le matériel dans l'œuvre de création et de rédemption.

La chute a non seulement créé un gouffre infranchissable entre Dieu et l'homme mais elle a aussi semé le chaos dans toute la création. Désormais l'homme est esclave de ses passions et la création est soumise à la futilité avec les dérèglements que cela entraîne:

le climat, la famine, la décomposition, la corruption, etc. Dans sa lettre aux Romains, Paul développe davantage cette pensée en nous rappelant que toute la création souffre de sa déchéance et aspire à être libérée de la servitude de la corruption. Il poursuit en affirmant que la création tout entière soupire après sa rédemption comme nous aussi, nous soupirons après notre rédemption.

Paul se sert de ces constats comme tremplin pour proclamer la bonne nouvelle. En peu de mots il rappelle l'essentiel :

- D'abord, c'est Dieu qui a pris l'initiative de tout réconcilier avec lui-même. Depuis le premier « Où es-tu ? » adressé à Adam, Dieu n'a de cesse d'appeler l'homme à la repentance et à la réconciliation.

- Ensuite, pour ce faire, il fallait que Dieu revête la nature humaine et meure en croix. Suspendu au bois, Christ a enduré la juste colère de Dieu contre l'iniquité afin qu'il soit apaisé à notre égard et ainsi en mesure d'éloigner de nous le péché.

- Enfin, nous qui vivons de ce côté-ci de la croix, tout en jouissant des prémices de la rédemption car « tout est accompli », nous attendons sa pleine réalisation lors du retour de Christ en gloire. Nous vivons dans le « déjà mais pas encore » confiant que la création tout entière sera renouvelée et que nous jouirons éternellement des bénéfices qu'elle nous apporte.

Ces vérités nous sont précieuses car :

- Elles raniment notre espérance alors que nous sommes entourés de corruption, de souffrance et d'injustice.

- Elles renouvellent la motivation de l'Église d'être un avant-poste de ce nouvel ordre.

- Elles amplifient notre zèle pour annoncer l'Évangile à tous ceux que nous côtoyons.

🤚 Prière

Rédempteur de toute la création, le monde ne restera pas à toujours tel qu'il est aujourd'hui, gémissant et soupirant dans l'attente de la venue de ton Royaume. Merci car à la fin des temps tu vas faire toute chose nouvelle. Nous nous réjouissons de savoir que ta rédemption s'étend au monde que tu as créé. Amen.

Question 27

De même que tous les hommes étaient perdus en Adam, tous seront-ils sauvés en Jésus-Christ?

Non. Seuls seront sauvés ceux qui sont élus par Dieu et unis à Christ par la foi. Cependant, dans sa miséricorde, Dieu manifeste aussi sa grâce commune à ceux qui ne sont pas élus en limitant les conséquences du péché et en rendant possible la réalisation d'œuvres qui contribuent au bien-être des hommes.

📖 ROMAINS 5:17

Si par un seul homme, par la faute d'un seul, la mort a régné, ceux qui reçoivent avec abondance la grâce et le don de la justice régneront à bien plus forte raison dans la vie par Jésus-Christ lui seul.

💬 Commentaire

MARTYN LLOYD-JONES (1899-1981)

La « grâce commune » décrit les bénédictions que Dieu transmet à tous les hommes et à toutes les femmes sans distinction, comme il l'entend, non seulement à son peuple, mais à tous les hommes et toutes les femmes, selon son bon vouloir. Or, la grâce commune consiste en ces actions universelles du Saint-Esprit par lesquelles, sans renouveler pour autant le cœur, il exerce une influence morale grâce à laquelle le péché est bridé, l'ordre est maintenu dans la vie sociale, et la droiture civile est mise en avant. Voilà la définition générale. Le Saint-Esprit a ainsi été à l'œuvre dans ce monde depuis le commencement, et il a influencé et orienté des hommes et des femmes qui n'étaient pas sauvés, et qui depuis sont allés à la perdition. Lorsqu'ils étaient dans cette vie, dans ce monde, ils étaient au bénéfice de ces actions universelles, mais non-salvatrices, du Saint-Esprit [...] S'il ne s'agit pas d'une influence salvatrice, ni d'une influence rédemptrice, elle participe néanmoins aux desseins de Dieu [...] Si le Saint-Esprit n'agissait pas de la sorte parmi les hommes et les femmes, en raison de la Chute et du péché les êtres humains auraient sombré depuis longtemps dans le néant et l'oubli [...] En parallèle de cela existe ce que nous désignons généralement comme la «culture» – les arts et la science, un intérêt pour les choses de l'esprit, la littérature, l'architecture, la sculpture, la peinture, et la musique. Il ne fait aucun doute que la pratique des arts est une bonne chose. Elle n'est pas source de rédemption, mais elle enrichit les gens, et leur permet de vivre des vies meilleures. D'où vient tout cela, cependant? Comment expliquer l'existence d'hommes tels que Shakespeare ou Michel-Ange? Les Écritures expliquent que toutes ces personnes ont reçu leurs talents, et ont été capables de les mettre en œuvre, grâce à l'action de la grâce commune, cette influence universelle du Saint-Esprit.[32]

TIMOTHY KELLER

La réponse de ce catéchisme à cette question établit un équilibre remarquable. D'une part, on apprend que les êtres humains ne seront pas tous sauvés. Cette réalité nous est enseignée très clairement à travers toute la Bible, et dans tellement de textes qu'il serait impossible de tous les énumérer. Laissez-moi tout de même attirer votre attention sur deux d'entre eux.

Dans l'évangile de Jean, Jésus dit : «La volonté du Père qui m'a envoyé, c'est que je ne perde aucun de tous ceux qu'il m'a donnés, mais que je les ressuscite le dernier jour» (6 : 39). Jésus parle ici de sa venue pour un nombre très précis de personnes qui lui ont été données, et qu'il ressuscitera le dernier jour. Tous les êtres humains ne seront pas ressuscités le dernier jour.

Romains 8 : 28-30 nous enseigne quelque chose de semblable. Au verset 30, Paul dit que « Ceux qu'il a prédestinés, il les a aussi appelés ; ceux qu'il a appelés, il les a aussi déclarés justes ; et ceux qu'il a déclarés justes, il leur a aussi accordé la gloire. » Notez que le même nombre de personnes est concerné par chaque étape. Il ne dit pas que certains de ceux qu'il a appelés, il les a aussi déclarés justes, comme si un certain nombre de personnes auraient été appelées, et un autre nombre déclarées justes. Non, tous ceux – et seulement ceux – qu'il a appelés, il les a déclarés justes. Tous ceux – et seulement ceux – qu'il a déclarés justes, il leur a accordé la gloire. C'est un nombre bien précis de personnes. Tout le monde ne sera pas sauvé.

D'autre part, la réponse de ce catéchisme aborde le sujet de la grâce commune. Richard Mouw en donne une définition dans son livre consacré à ce thème : « Existe-t-il une grâce non-salvatrice à l'œuvre dans chaque domaine des relations culturelles humaines ? Une grâce qui facilite le désir de Dieu d'accorder certaines bénédictions à tous les êtres humains, élus comme non-élus ; des bénédictions qui permettent aux chrétiens de coopérer avec les non-chrétiens et d'apprendre d'eux ? [33] »

Et la réponse de la Bible à cette question, que l'on trouve dans des passages tels que Romains 1 et 2, c'est oui. Certes, tout le monde ne sera pas sauvé, mais Dieu fait tout de même don de sagesse et de discernement à toute la race humaine. Au travers des arts et de la science, au travers de bonnes gouvernances et par divers autres moyens, Dieu fait de ce monde un monde bien meilleur que si seuls les chrétiens avaient bénéficié de ces dons. Voici donc encore cet équilibre remarquable que nous devrions rechercher. D'une part, non, tout le monde ne sera pas sauvé. Non, tout le monde ne bénéficie pas de la grâce salvatrice de Jésus-Christ. Mais d'autre part, nous devons être reconnaissants pour la grâce commune que Dieu accorde à toute la race humaine. Nous devons comprendre que Dieu nous vient en aide à nous, mais aussi au monde tout entier par le biais de nombreuses personnes qui ne croient pas en lui. Nous devons être sensibles à cela. Nous devons être reconnaissants pour ces personnes et les respecter. C'est cela, l'équilibre que nous devons rechercher.

Prière

Sauveur Souverain, le salut ne se trouve qu'en toi et tu secours tous ceux qui invoquent ton nom. Et nous n'aurions jamais invoqué ton nom si tu ne nous avais pas fait passer de la mort à la vie. Nous ne comprenons pas complètement ton amour qui nous a élus, mais nous reconnaissons que ni nous ni personne ne le mérite. Amen.

Question 28

Que se passe-t-il, après la mort, pour ceux qui ne sont pas unis à Christ par la foi ?

Au jour du jugement, ceux-ci connaîtront la sentence de condamnation prononcée contre eux, un jugement terrible mais juste. Ils seront chassés de la bienfaisante présence de Dieu et jetés en enfer pour y subir éternellement leur juste et terrible châtiment.

JEAN 3 : 16-18, 36

En effet, Dieu a tant aimé le monde qu'il a donné son Fils unique afin que quiconque croit en lui ne périsse pas mais ait la vie éternelle. Dieu, en effet, n'a pas envoyé son Fils dans le monde pour juger le monde, mais pour que le monde soit sauvé par lui. Celui qui croit en lui n'est pas jugé, mais celui qui ne croit pas est déjà jugé parce qu'il n'a pas cru au nom du Fils unique de Dieu [...] Celui qui croit au Fils a la vie éternelle ; celui qui ne croit pas au Fils ne verra pas la vie, mais la colère de Dieu reste au contraire sur lui.

▣ Commentaire

J. C. RYLE (1816-1900)

Aussi douloureux que soit le sujet de l'enfer, je n'ose pas, ne peux pas, et ne dois pas me taire. Qui voudrait parler du feu de l'enfer si Dieu ne l'avait pas fait lui-même ? Mais puisque Dieu en a parlé si clairement, qui pourrait, sans danger, garder le silence ? [...] Je sais que certaines personnes ne croient pas en l'existence de l'enfer. Il leur est impossible de croire qu'un tel endroit existe. Elles ne peuvent le concilier avec la miséricorde de Dieu. Elles considèrent l'idée trop effroyable pour être réellement vraie. Le diable, évidemment, se réjouit de l'opinion de telles personnes. Elles servent puissamment son royaume. Elles prêchent haut et fort sa vieille doctrine favorite : « Vous ne mourrez pas ».

[...] Mais il existe une question à laquelle nous devons répondre : « Que dit la Parole de Dieu ? » Croyez-vous la Bible ? Alors faites-lui confiance : l'enfer existe bel et bien. Il est aussi réel que le paradis, aussi réel que la justification par la foi, aussi réel que la mort de Christ sur la croix, aussi réel que la Mer morte. Si vous doutez de l'enfer, il n'existe aucun fait ni aucune doctrine dont vous ne pourriez légitimement douter. Rejetez l'idée de l'enfer, et vous ébranlez, vous décrochez, vous faites tout tomber dans les Écritures. Vous feriez aussi bien de rejeter votre Bible tout entière. Entre « l'enfer n'existe pas » et « Dieu n'existe pas », il n'y a que quelques pas à franchir.[34]

DOMINIQUE ANGERS

La doctrine du châtiment éternel des non-croyants, si difficile à accepter même pour les chrétiens, est néanmoins clairement enseignée dans l'Écriture. Jésus lui-même aborde le sujet régulièrement et sans détour. Il évoque la possibilité bien réelle « d'être jeté en enfer, où le ver rongeur ne meurt point et où le feu ne s'éteint jamais » (Marc 9 : 47-48 – BDS). L'apôtre Paul déclare que, lors de son retour, le Seigneur Jésus « punira comme ils le méritent ceux qui ne connaissent pas Dieu et qui n'obéissent pas à l'Évangile de notre Seigneur Jésus. Ils auront pour châtiment une ruine éternelle,

loin de la présence du Seigneur et de sa puissance glorieuse »
(2 Thessaloniciens 1 : 8-9 – BDS).

Si les peines éternelles représentent un thème récurrent dans la
Bible, pourquoi avons-nous tant de mal, sur le plan émotionnel, à
y souscrire ? Sans doute parce que, instinctivement, nous trouvons
ce jugement trop sévère. Il nous semble qu'il y a disproportion entre
les péchés commis (durant l'existence terrestre) et le châtiment subi
(qui dure à jamais). Mais qui sommes-nous pour évaluer ce qui
est juste, aux yeux de Dieu, et ce qui ne l'est pas ? Sa justice est
infinie, et infiniment au-dessus de la nôtre ! Si le jugement atteint
de telles proportions, c'est parce que la personne contre laquelle
tout péché est premièrement dirigé – Dieu lui-même – est d'une
sainteté absolue. Si nous sommes embarrassés devant la notion
biblique de l'enfer, c'est sans doute parce que nous avons tendance
à relativiser la gravité du péché. Or si nous diminuons dans notre
esprit la gravité du péché, c'est probablement parce que notre
vision de Dieu (de ses perfections infinies, de sa sainteté, de sa
justice) est déficiente.

Il existe une objection à la fois plus courante et plus redoutable
à l'enseignement biblique sur ce sujet : comment concilier l'amour
de Dieu avec un châtiment éternel ? Bien que l'Écriture nous garde
de faire fausse route en opposant l'amour de Dieu et sa justice (en
réalité, ce ne sont pas deux « pôles » qui « s'équilibrent », mais
bien plutôt deux perfections divines absolues qui existent et se
manifestent dans une parfaite cohérence), elle ne répond pas à
toutes nos interrogations et ne dissipe pas tout notre inconfort.
Tout comme il nous est impossible de résoudre le problème de
l'existence du mal, il nous est tout aussi impossible, dans notre
situation actuelle, de percer le mystère du jugement éternel. Avec
humilité, nous devons croire que Dieu sait ce qu'il fait et que ses
voies – même celles que nous trouvons incompréhensibles – sont
justes et bonnes, et qu'elles le glorifient davantage que toute autre
solution que nous pourrions imaginer.

Loin de s'opposer à l'amour de Dieu, sa justice rétributive est
précisément ce qui fait éclater son amour dans toute sa splendeur.

En effet, existe-t-il un amour plus grand que celui du Dieu qui quitte le trône de son ciel, s'incarne dans un corps humain et subit lui-même le châtiment terrible que sa justice impose aux pécheurs – alors qu'il n'est coupable de rien ? La doctrine des peines éternelles devrait avoir les effets suivants dans notre vie :

1. Pleurons sur les personnes qui connaîtront le jugement éternel (contrairement à ce dont on les accuse parfois, les chrétiens ne souhaitent pas l'enfer aux autres).

2. Progressons dans une saine crainte de Dieu – ce Dieu devant qui tout être humain doit un jour comparaître.

3. Louons Dieu de ce que Jésus-Christ a subi notre jugement sur la croix.

4. Redoublons d'efforts dans l'annonce de la Bonne Nouvelle.

5. Acceptons humblement que les voies de Dieu nous dépassent.

6. Anticipons la victoire finale de Dieu sur ses ennemis, notamment sur les persécuteurs des chrétiens.

Prière

Juge de toute la terre, nous tremblons à l'idée du jugement qui attend tous ceux qui ne sont pas dans ton alliance. Avant qu'il ne soit trop tard, que tous ceux qui nous sont chers soient réconciliés avec toi afin qu'ils n'aient pas à subir le châtiment qu'ils devraient subir, et que nous aurions tous dû subir, si tu n'avais pas agi en notre faveur. Amen.

Question 29

Comment pouvons-nous être sauvés?

Uniquement par la foi en Jésus-Christ et en sa mort substitutive et expiatoire sur la croix. Nous sommes tous coupables d'avoir désobéi à Dieu, et nous sommes tous encore enclins au mal. Toutefois, si nous nous repentons et croyons en Christ, Dieu nous impute la parfaite justice de Christ, par pure grâce et sans aucun mérite de notre part.

📖 ÉPHÉSIENS 2:8-9

En effet, c'est par la grâce que vous êtes sauvés, par le moyen de la foi. Et cela ne vient pas de vous, c'est le don de Dieu. Ce n'est pas par les œuvres, afin que personne ne puisse se vanter.

💬 Commentaire

CHARLES HADDON SPURGEON (1834 – 1892)

Étant justifiés par la foi, nous avons la paix avec Dieu. La conscience n'accuse plus. Le jugement rendu est désormais en faveur du pécheur, et non plus contre lui. La mémoire se souvient des péchés passés, et elle en éprouve une profonde tristesse, mais elle ne redoute plus une sanction à venir. Car le Christ a intégralement payé la dette de son peuple, jusqu'au plus petit iota ou la plus petite virgule, et Dieu lui-même en a signé le reçu. Dieu pourrait-il être injuste au point de faire payer deux fois la même dette ? Non, aucune âme pour laquelle Jésus a donné sa vie, en substitut, ne saurait être jetée en enfer ! Nous croyons que Dieu est juste : c'est un des principes essentiels de notre nature éclairée. Nous ressentons qu'il doit en être ainsi et, dans un premier temps, cette réalité nous remplit de terreur. Mais ô merveille, cette même assurance que Dieu est juste devient ensuite le pilier qui soutient notre assurance et notre paix ! Si Dieu est juste, alors moi, un pécheur seul et sans substitut, je dois être puni. Mais Jésus prend ma place, et il est puni pour moi. Maintenant, si Dieu est juste, le pécheur que je suis, qui se tient en Christ, ne peut jamais être puni. Il faudrait que Dieu change de nature avant que la Loi ne puisse frapper la moindre âme à qui Jésus s'est substitué. Ainsi donc, Jésus ayant pris la place du croyant, ayant pleinement satisfait la colère divine pour tout ce que son peuple aurait dû souffrir à cause de son péché, le croyant peut s'écrier triomphalement : « Qui accusera les élus de Dieu ? ». Ce n'est pas Dieu, car il a justifié ; ce n'est pas le Christ, car il est mort, « bien plus, il est ressuscité ». Si mon espérance est vivante, ce n'est pas parce que je ne suis pas un pécheur, mais parce que je suis un pécheur pour qui le Christ est mort. Si je suis confiant, ce n'est pas parce que je suis saint ; c'est parce que je ne le suis pas, mais le Christ est ma justice. Ma foi ne repose pas sur ce que je suis ou serai, sur ce que je ressens ou sur ce que je sais, mais plutôt sur ce que le Christ est, sur ce qu'il a fait, et sur ce qu'il est aujourd'hui en train de faire pour moi. L'espérance est une cavalière de belle allure qui chevauche le lion de la justice.[35]

KEVIN DEYOUNG

Dans le livre des Actes, au chapitre 16, Paul et Silas sont en prison quand un violent tremblement de terre se produit. Les prisonniers s'échappent et le geôlier se réveille, totalement désemparé de voir que tout le monde s'enfuit. Il s'apprête à se donner la mort, mais Paul l'arrête. Le geôlier leur pose alors cette célèbre question : « Que faut-il que je fasse pour être sauvé ? » (v. 30). Paul lui donne la réponse suivante, une réponse brève, biblique, absolument magnifique : « Crois au Seigneur Jésus et tu seras sauvé, toi et ta famille » (v. 31).

« Que faut-il que je fasse pour être sauvé ? » Il n'y a pas de question plus importante que celle-ci, dans cette vie présente ou pour la vie à venir. La réponse à la question de ce catéchisme nous offre un très bon résumé de ce que veut dire avoir foi en Christ (le genre de foi qui sauve) et de la manière dont Dieu nous sauve par le moyen de la foi. Ce résumé contient deux mots-clés. Tout d'abord, nous avons le tout premier mot de la réponse : « uniquement ». Uniquement par la foi en Jésus-Christ. Parler de foi ce n'est finalement pas aborder un sujet très controversé. En général, les gens ont la foi. Ils aiment croire en quelque chose. Mais ici, nous parlons de la foi seule, pas de la foi plus quelque chose d'autre. Ce n'est pas la foi plus mon arrière-plan culturel, la foi plus ma famille d'origine, la foi plus toutes les bonnes actions que je peux faire en faveur de la justice sociale, ou la foi plus toutes mes prières. C'est uniquement la foi, et c'est la foi en Jésus-Christ. Notre foi a un objet.

Beaucoup de gens parlent sans cesse de leur foi et de leurs croyances. Ils disent des choses comme : « Je suis un homme de foi » ou « Tu as besoin de croire ». Mais la foi en elle-même ne veut pas dire grand chose. C'est l'objet de la foi qui nous sauve. Ce n'est pas le fait d'être quelqu'un qui a de fermes convictions, qui est sincère ou qui nourrit une croyance mystique dans des choses spirituelles : ce n'est pas cela qui nous sauve. C'est la foi en Jésus-Christ. C'est lui, l'objet de notre foi. Et c'est l'objet de notre foi qui nous sauve. La foi n'est qu'un instrument. Dieu ne voit pas la foi comme la bonne action par excellence. Il ne dit pas : « Bon, il n'y a pas grand chose qui joue en ta faveur, mais tu as la foi, et j'aime ça ». Non, la foi est ce qui nous unit à Christ, mais c'est lui qui nous sauve. C'est l'objet qui compte.

Ayant grandi dans une région froide de mon pays, j'ai souvent joué au hockey et patiné sur la glace. Lorsque je m'aventurais sur le lac gelé, pour la première fois de l'hiver, je marchais prudemment sur la pointe des pieds, tout en me demandant : « La glace est-elle assez épaisse ? » Il y avait parfois quelqu'un qui patinait devant moi à vive allure, avec une grande assurance, et qui était très confiant quant à la solidité de la glace, pendant que moi, j'avais tout juste assez de foi pour m'y risquer, avec beaucoup de précaution et sur la pointe des pieds. Mais qu'est-ce qui faisait que nous étions tous les deux en sécurité sur cette glace ? Notre degré de foi ? Non. Certes nous aimerions tous avoir cette foi forte qui nous permettrait de patiner à vive allure ! Mais c'est bien l'épaisseur de la glace qui garantit notre sécurité.

C'est l'objet sur lequel nous nous tenons qui nous sauve. Et cet objet, c'est Jésus-Christ. C'est seulement par la foi en Jésus que nous sommes sauvés.

Le deuxième mot auquel nous devons prêter grande attention, c'est le verbe « imputer ». Le fait que la vie de justice que le Christ a vécue nous soit imputée est essentiel à l'Évangile et à la foi chrétienne. Cela veut dire qu'elle est considérée comme nôtre. Elle est enregistrée à notre nom. C'est une sorte de virement bancaire. Et elle est différente d'une justice qui nous serait inhérente, dont nous serions imprégnés, le genre de justice qui s'exprimerait ainsi : « Eh ! Regardez-moi, je suis juste. Je fais des choses justes. » Ce n'est pas ce dont nous parlons ici. Nous parlons ici de la justice de Christ, qui est extérieure à nous, mais qui, parce que nous sommes unis à Jésus par la foi, est comptée comme notre justice. Ainsi, Dieu peut être à la fois le juste et celui qui déclare justes les méchants.

C'est ce qui pose problème dans Romains 3, et c'est la bonne nouvelle de l'Évangile : bien que nous soyons toujours pécheurs, Dieu nous déclare justes. Et ce faisant, Dieu demeure juste non pas parce qu'il nous aurait touchés d'un coup de baguette magique, ou qu'il aurait déclaré avec un clin d'œil complice qu'après tout, pécher n'était pas si grave. Non, c'est parce que nous appartenons à Christ, et que sa justice est notre justice, que Dieu peut être juste tout en nous déclarant justes.

🖐 Prière

Dieu de miséricorde, nous renonçons à notre orgueil et à toute tentative de nous justifier par nos propres moyens. Nous venons devant toi repentants et avec foi. Nous croyons que ta mort nous donne la vie. Nous te louons pour le don du salut. Amen.

Question 30

Qu'est-ce que la foi en Jésus-Christ ?

La foi en Jésus-Christ, c'est le fait de reconnaître la vérité de tout ce que Dieu a révélé dans sa Parole ; c'est lui faire confiance, le recevoir et se reposer en lui seul pour le salut tel qu'il nous est offert dans l'Évangile.

📖 GALATES 2 : 20

J'ai été crucifié avec Christ ; ce n'est plus moi qui vis, c'est Christ qui vit en moi ; et ce que je vis maintenant dans mon corps, je le vis dans la foi au Fils de Dieu qui m'a aimé et qui s'est donné lui-même pour moi.

💬 Commentaire

JONATHAN EDWARDS (1703 – 1758)

La plus belle, la plus claire, la plus parfaite et la plus fidèle définition qui me vient à l'esprit concernant la foi qui justifie est la suivante : la foi, c'est l'âme qui embrasse entièrement la révélation de Jésus-Christ comme notre Sauveur. Le terme « embrasser » est certes utilisé de manière métaphorique, mais il me semble cependant plus clair que toute autre expression. Nous appelons cela croire parce que la foi est le premier acte de l'âme pour embrasser un récit ou une révélation. Et lorsqu'on parle d'une révélation ou d'une chose annoncée, «embrasser» est plus justement remplacé par «croire» plutôt que par «aimer» ou «choisir». Lorsqu'on parle d'une personne, on dit plutôt «aimer». Si on parle d'un cadeau, d'un héritage ou d'une récompense, nous utilisons alors les termes «recevoir» ou «accepter».

Cette définition pourrait se reformuler ainsi : la foi, c'est l'âme qui acquiesce et adhère entièrement à la révélation de Jésus-Christ comme notre Sauveur – ou encore : la foi, c'est l'âme qui embrasse la vérité de Dieu qui dévoile Jésus-Christ comme notre Sauveur – ou encore : la foi, c'est l'âme qui acquiesce entièrement et s'attache à la vérité de Dieu révélant Jésus-Christ comme notre Sauveur.

C'est l'âme tout entière qui est en phase avec la vérité, qui l'approuve, et l'embrasse. La pensée et le cœur se soumettent totalement à la révélation, l'acceptent et s'y associent pleinement, avec conviction, par attachement et affection.[36]

JOHN YATES

Parfois je me demande si on se rend bien compte de la portée du mot «salut». Que veut dire le terme «salut»? Que signifie réellement «être sauvé»?

Cela veut dire être en sécurité. Mais cela veut aussi dire être guéri. Cela veut dire être pardonné. Cela veut dire être adopté. Cela veut dire être restauré. C'est un mot énorme. Il signifie que notre relation avec Dieu est entièrement rétablie. Nous avons reçu la vie avec Dieu maintenant, mais nous avons aussi reçu le cadeau de la vie éternelle avec Dieu au ciel pour toujours. Donc le salut, c'est quelque chose d'énorme. Le salut est un cadeau de Dieu. Ce n'est pas quelque chose qu'on peut gagner par nos efforts, même si c'est ce que pensent beaucoup de gens. Ce n'est pas quelque chose que nous pouvons obtenir par nous-même, mais quelque chose qui doit être simplement reçu. Il faut bien comprendre cela dès le départ.

Le salut peut survenir dans nos vies de manière instantanée, comme cela a été le cas pour Zachée le jour où Jésus est entré dans sa maison. Il a dit : « Le salut est entré aujourd'hui dans cette maison. » (Luc 19 : 9). Il peut survenir dans un moment de prise de conscience et de foi. Mais cela reste quelque chose qui se vit tout au long de notre vie. On raconte l'histoire d'un vieil évêque anglais qui se promenait sur une avenue de Londres lorsqu'un évangéliste de rue l'interpella : « Monsieur, êtes-vous sauvé ? » La réponse du vieil homme fut éloquente. L'histoire dit qu'il s'arrêta et réfléchit un moment avant de répondre avec beaucoup de grâce : « Oui, j'ai été sauvé. Je suis encore en train d'être sauvé et je serai un jour sauvé. » Que voulait-il dire ? Il voulait dire qu'il pouvait regarder en arrière dans son passé et y retrouver le moment précis où il avait placé sa foi et son espérance en Jésus et avait reçu le salut. Mais il voulait aussi dire que le salut était une chose qu'il vivait chaque jour un peu plus. Et enfin, il allait entrer dans la complète réalité du salut le jour où il allait rejoindre le Seigneur dans la vie à venir.

Le salut commence lorsque Dieu nous ouvre les yeux et que nous pouvons réaliser à quel point nous avons besoin de Jésus. Tant que nous pensons pouvoir nous sauver nous-même, la porte du salut nous est fermée. Être sauvé, c'est comme être en train de se noyer et se rendre compte qu'on ne peut pas s'en sortir tout seul. Quelqu'un doit venir à notre secours et la seule chose à faire est de se détendre et de laisser ce quelqu'un faire son travail parce qu'on est complètement dépassé, qu'on ne sait pas nager et qu'on va se noyer. La seule contribution que je puisse apporter à mon salut, c'est ma propre nature pécheresse. Il s'agit de venir humblement devant Dieu, conscient de mes besoins, de venir avec foi, de me repentir de mes péchés et de reconnaître devant Dieu que j'ai besoin de lui. C'est par là que commence le salut.

Paul affirme en Romains 10 que quiconque fait appel au nom du Seigneur sera sauvé. Nous vivons une époque où beaucoup de gens rejettent l'idée selon laquelle la foi en Jésus est nécessaire pour devenir enfant de Dieu et hériter de la vie éternelle. Pourtant

Jésus a dit : « C'est moi qui suis le chemin, la vérité et la vie. On ne vient au Père qu'en passant par moi. » Il est notre seule route vers le salut.

C'était le message des apôtres. Comme l'a prêché Pierre en Actes 4 : « Il n'y a sous le ciel aucun autre nom par lequel nous devions être sauvés ». Le salut vient au travers de Jésus.

Prière

Auteur de notre foi, nous croyons que tu es celui que tu dis être. Ta Parole est la vérité et elle nous révèle que tu es notre seul espoir de salut. Nous croyons en tes promesses, nous marchons par la foi et non par la vue. Amen.

Question 31

Que croit la vraie foi?

Tout ce que l'Évangile nous enseigne. Ce que nous croyons se trouve exprimé comme suit dans le Credo des Apôtres: «Nous croyons en Dieu le Père tout-puissant, Créateur du ciel et de la terre; et en Jésus-Christ, son Fils unique, notre Seigneur qui a été conçu du Saint-Esprit, est né de la vierge Marie, a souffert sous Ponce Pilate, a été crucifié, est mort et a été enseveli. Il est descendu aux enfers; il est ressuscité des morts le troisième jour; il est monté aux cieux et est assis à la droite de Dieu, le Père tout-puissant d'où il viendra pour juger les vivants et les morts. Nous croyons en l'Esprit Saint, à la Sainte Église universelle, à la communion des saints, à la rémission des péchés, à la résurrection de la chair et à la vie éternelle.»

📖 JUDE 3

J'ai été contraint de vous envoyer cette lettre afin de vous encourager à combattre pour la foi transmise aux saints une fois pour toutes.

💬 Commentaire

JOHN WESLEY (1703-1791)

Qu'est-ce que la foi? Ce n'est pas une opinion. Ce n'est pas non plus une manière de dire les choses. Ce n'est pas non plus une série d'opinions mises bout à bout, quand bien même elles seraient toutes valables. De même qu'un collier de perles ne définit pas la sainteté chrétienne, de même un collier d'opinion ne définit pas la foi chrétienne. Avoir la foi, ce n'est pas approuver un certain point de vue, ou un ensemble de points de vue. Un homme pourrait approuver trois, ou même vingt-trois points de doctrine ; il pourrait être d'accord avec tout l'Ancien et tout le Nouveau Testaments (du moins, autant qu'il les comprend) et ne pas connaître du tout la foi chrétienne.

[...] La foi chrétienne [...], c'est une preuve ou conviction divine qui est forgée dans le cœur : Dieu est réconcilié avec moi au travers de son Fils ; mais cette conviction s'accompagne immanquablement d'une confiance en lui comme en un Père plein de grâce avec lequel je suis réconcilié, comme je le suis avec toutes choses, et en particulier toutes ces bonnes choses invisibles et éternelles. Croire (dans le sens chrétien du terme) signifie donc marcher à la lumière de l'éternité. C'est voir clairement, et placer sa confiance dans le Très-Haut, lui qui est réconcilié avec moi au travers du Fils de son amour.[37]

D. A. CARSON

« Nous croyons en Dieu le Père Tout-Puissant, Créateur du ciel et de la terre. » Ainsi commence ce que nous appelons communément le Credo des Apôtres. Il n'a pas été, à proprement parler, déclaré par les apôtres, mais il est apparu durant le IIe siècle. Toutefois, il est appelé le Credo des Apôtres car son contenu exprime sous forme résumée la doctrine des apôtres et celle du Nouveau Testament. C'est une très ancienne confession de foi. Ce Credo est si ancien et il a été utilisé par tant de dénominations chrétiennes à travers le monde qu'il est l'un des rares éléments unificateurs de toute la chrétienté.

En le lisant lentement et attentivement, nous pouvons remarquer qu'il mentionne très explicitement le Père, le Fils, le Saint-Esprit, la création, la conception virginale, la venue du Christ, sa résurrection, ce que sont les chrétiens, ce en quoi consiste l'œuvre

du Saint-Esprit en nous, etc. Et le Credo résume tout cela très briè-
vement, avec des mots que des millions et des millions de chrétiens
ont appris par cœur, récitent chaque dimanche ou utilisent parfois
dans leurs temps de culte personnel.

Il est important de garder en mémoire que les credo sont
influencés au moins en partie par l'époque durant laquelle ils
ont été élaborés. Cela ne veut pas dire que la Bible change, mais
que, de temps en temps, les questions que nous nous posons sur
la Bible changent un peu. D'autres professions de foi, comme par
exemple celles de la Réforme au XVIe siècle, posent des questions
légèrement différentes et y répondent. Mais le Credo des Apôtres
est prononcé régulièrement par des chrétiens du monde entier,
parce qu'il a été écrit et qu'on a commencé à l'utiliser avant
l'apparition des grandes divisions doctrinales. Élaboré dans ce
contexte, le Credo résume très habilement l'Évangile en seulement
quelques phrases. D'une certaine manière, c'est une tentative du
IIe siècle de récapituler ce que nous pouvons lire par exemple dans
les premiers versets du chapitre 15 de 1 Corinthiens, qui est lui-
même un credo très simple. Qu'est-ce que l'Évangile ? demande
Paul. Pour commencer, Christ est mort pour nos péchés, comme
le dit l'Écriture. Ensuite, d'autres éléments sont ajoutés, et ajoutés,
et ajoutés encore, jusqu'à ce que l'on obtienne un résumé de la
Bonne Nouvelle et de son contenu : au moment voulu, Dieu a
envoyé son Fils mourir sur la croix, ressusciter d'entre les morts
et amener à lui un grand nombre de personnes que Paul appelle
la nouvelle humanité.

Alors, lorsque vous vous réunissez pour le culte, le jour du
Seigneur, et que vous récitez ce Credo, souvenez-vous que derrière
ces mots dorment deux mille ans d'histoire du christianisme.
Ainsi, le Credo nous unit, nous chrétiens de toutes cultures, de
toutes langues, de tous lieux et de tous temps, alors que nous
affirmons que nous croyons au Père Tout-Puissant, Créateur du
ciel et de la terre.

🖐 Prière

Créateur du ciel et de la terre, rends vivantes à nos yeux les formidables affirmations de notre foi. Ne nous laisse pas opposer la vérité théologique à l'histoire de ton salut qui a eu lieu dans le temps et l'espace. Ne nous laisse pas tomber dans l'incrédulité, mais permets-nous d'édifier nos vies sur la vérité : tu es celui qui ressuscite les morts. Amen.

Question 32

Que signifient les termes «justification» et «sanctification»?

La justification consiste à être déclaré juste devant Dieu; elle est rendue possible par la mort et la résurrection de Christ pour nous. La sanctification consiste à grandir peu à peu dans la justice; elle est rendue possible par le travail du Saint-Esprit en nous.

📖 1 PIERRE 1:1-2

À ceux qui sont étrangers et dispersés [...] À vous qui avez été choisis conformément à la prescience de Dieu le Père et conduits à la sainteté par l'Esprit afin de devenir obéissants et d'être purifiés par le sang de Jésus-Christ: que la grâce et la paix vous soient multipliées!

💬 Commentaire

ABRAHAM BOOTH (1734 – 1806)

La justification et la sanctification sont toutes deux des bénédictions de la grâce, et elles sont inséparables l'une de l'autre. Néanmoins, elles représentent des actions distinctes de Dieu.

Et, à bien des égards, il existe d'importantes différences qui les distinguent l'une de l'autre. Nous pourrions exprimer ainsi cette distinction : la justification concerne la personne, d'un point de vue légal. C'est un acte de grâce unique qui aboutit à un changement relatif. La justification, c'est l'absence de sanction, c'est le droit à la vie. La sanctification concerne la personne d'un point de vue physique. C'est une œuvre de grâce continuelle qui aboutit à un changement réel au niveau de la qualité des habitudes et des actions. La première est possible grâce à une justice extérieure à nous-même ; la seconde par une sainteté forgée en nous-mêmes. L'une précède en tant que cause ; l'autre la suit en tant que conséquence. La justification s'opère par Christ en tant que prêtre et a trait à la culpabilité liée au péché. La sanctification s'opère par Christ en tant que roi et se réfère à la domination du péché. La première le prive de sa puissance pour condamner, la seconde de sa puissance pour régner. La justification est instantanée et complète dans chacun de ses bénéficiaires ; la sanctification est progressive et s'accomplit graduellement.[38]

JOHN PIPER

La justification est l'acte par lequel Dieu nous déclare justes, droits ou encore parfaits lorsque, par notre foi seule, nous avons été unis à Jésus-Christ, lui qui est parfait, juste, et droit. La justification est donc un statut juridique devant Dieu, grâce à notre union spirituelle avec Jésus, grâce à notre foi seule. Nous ne nous élevons pas nous-mêmes à cet état devant Dieu, et n'accomplissons rien qui nous en rende dignes. Il nous déclare parfaits à cause de notre union avec Christ, et cela ne se réalise que par la foi.

La sanctification est l'acte par lequel Dieu, par son Esprit et sa Parole, nous rend conformes, petit à petit, ou à grands pas, à l'image de son Fils. Ainsi, nous devenons vraiment droits dans notre comportement, et surmontons réellement nos imperfections dans notre sanctification.

Mais voici la question importante : quel est le lien entre justification et sanctification ? Le verset clé pour y répondre est

Hébreux 10 : 14 : « Par une seule offrande [Christ] a conduit à la perfection pour toujours ceux qu'il rend saints. » Réfléchissez à ce que cela veut dire. Qui a été conduit à la perfection pour toujours ? *A été* conduit. Cela s'est déjà produit. Conduits à la perfection pour toujours. Ceux qu'il rend parfaits. Ceux qu'il sanctifie. Ceux qu'il rend saints. Il vous a rendus parfaitement saints. Qui ? Ceux qui *deviennent* saints. Ainsi, la preuve que nous nous tenons sanctifiés, parfaits et justes devant Dieu, c'est que, par notre foi nous devenons saints. Cela semble assez paradoxal, je sais. Mais c'est la clé de la vie chrétienne.

On peut aussi l'exprimer de la manière suivante : c'est l'assurance que nous avons d'être déjà parfaits qui nous donne la force de lutter quotidiennement pour surmonter nos imperfections. Et il faut faire attention à ne pas inverser l'ordre des choses. Il ne faut pas se dire : « Ok, Dieu exige de moi la perfection. Je dois devenir parfait dans mon comportement, comme cela, Dieu me regardera et dira : "Il se débrouille plutôt bien ! Je vais le rendre parfait, ou le considérer comme parfait". » En réalité, c'est l'inverse. Grâce à Christ, nous croyons en lui, en ce qu'il a accompli sur la croix et en sa vie de perfection. Nous croyons en lui et, par cette foi, Dieu nous unit à Christ. Sa perfection est comptée comme la nôtre. Et la preuve que nous sommes rendus parfaits en Christ, c'est que nous haïssons notre péché. Et parce que nous avons foi en ses promesses, nous luttons quotidiennement pour combattre nos imperfections.

Je vous exhorte donc à faire attention à ne pas prendre cela à l'envers. Le monde entier le comprend à l'envers. Les autres religions le prennent à l'envers : selon elles, nos œuvres et nos efforts pour combattre nos imperfections peuvent nous rendre agréables à Dieu. Mais cela ne marche pas comme ça. Dieu nous considère comme acceptables, fait de nous ses enfants et nous considère comme justes. Et à cause de cette justice, nous passons ensuite notre vie à devenir ce que nous sommes déjà.

🤲 Prière

Notre Seigneur et Sauveur, tu as mené à son terme l'œuvre de notre justification. Tu as commencé en nous une œuvre de sanctification et nous savons que tu la mèneras à son terme. Transforme-nous jour après jour à ta ressemblance, rends-nous conformes à tes voies. Amen.

Question 33

Ceux qui croient en Christ doivent-ils chercher leur salut dans leurs propres œuvres ou ailleurs?

Non. Ils ne devraient pas le faire car tout ce qui est nécessaire au salut se trouve en Christ. Chercher le salut dans l'accomplissement d'œuvres bonnes, c'est rejeter le Christ comme seul Rédempteur et seul Sauveur.

📖 GALATES 2:16

Cependant, nous savons que ce n'est pas sur la base des œuvres de la loi que l'homme est déclaré juste, mais au moyen de la foi en Jésus-Christ. Ainsi, nous aussi nous avons cru en Jésus-Christ afin d'être déclarés justes sur la base de la foi en Christ et non des œuvres de la loi, puisque personne ne sera considéré comme juste sur la base des œuvres de la loi.

💬 Commentaire

JEAN CALVIN (1509-1564)

Nous affirmons que, qu'importe la nature de l'œuvre accomplie par l'homme, celui-ci est considéré comme juste devant Dieu uniquement sur la base d'une miséricorde non méritée. Dieu en effet, sans tenir compte des œuvres de l'homme, l'adopte librement en Christ, en lui imputant la justice du Christ comme si elle était sienne. C'est ce que nous appelons « justification par la foi » : l'homme, après avoir abandonné toute forme de confiance en ses œuvres, est convaincu qu'il n'est accepté par Dieu que sur le seul fondement d'une justice qui n'existe pas en lui-même mais qu'il emprunte au Christ. Il existe un domaine dans lequel le monde entier s'égare (et cet égarement a prévalu à travers presque tous les âges) : s'imaginer que l'homme, aussi imparfait qu'il puisse être, mérite tout de même, dans une certaine mesure, la faveur de Dieu grâce aux œuvres qu'il accomplit [...] Dieu nous réconcilie avec lui, non pas grâce à nos œuvres, mais grâce au Christ seul, et par une adoption non méritée, il fait de nous ses propres enfants, nous qui étions des enfants de colère. Aussi longtemps que Dieu regarde à nos œuvres, il n'y voit aucune raison qui l'inciterait à nous aimer. C'est donc pour cela qu'il lui faut enterrer nos péchés, nous imputer l'obéissance du Christ - qui seule peut résister à son examen - et nous adopter en tant que justes à cause des mérites du Christ. Voici la doctrine claire et unique des Écritures, « attestée » comme le dit Paul « par la Loi et les prophètes » (Romains 3 : 21).[39]

TIMOTHY KELLER

Si je combine foi et œuvres, si je dis « Oui, je dois avoir foi en ce que Jésus a fait pour moi, mais je dois aussi y ajouter ceci ou cela, sinon je ne suis pas sauvé », alors j'affirme que ce n'est pas ce que Jésus a fait qui me sauve, mais ce que j'y ajoute. Je fais de moi-même mon propre sauveur.

Cet exemple clarifiera peut-être les choses : Monsieur A demande à Monsieur B de lui fabriquer un buffet en bois, car Monsieur B est un ébéniste très habile. Monsieur B et Monsieur A sont amis, et c'est pourquoi Monsieur B se dit : « Bon, je ferais bien de fabriquer quelque chose de très bonne qualité, ... quelque chose de parfait ». Alors, il travaille, travaille et travaille encore à ce buffet, jusqu'à ce que celui-ci soit poli et verni à la perfection. Il fait entrer Monsieur A dans l'atelier afin qu'il puisse le voir.

Monsieur A saisit un morceau de papier de verre et dit : « Laisse-moi juste le poncer encore un petit coup. » Monsieur B répond : « Non ! Il est terminé. Il est parfait. Et on ne pourrait y ajouter quoi que ce soit sans l'abîmer. »

C'est la même chose avec l'œuvre de Jésus-Christ. Quand Jésus est mort, il a dit : « Tout est accompli. » Il n'y a rien à y ajouter. C'est parfait. Et si j'y ajoute, je le diminue. Si je dis : « Il a fait ceci, mais il faut que j'y ajoute cela », ce que j'y ajoute devient le vrai fondement de mon salut et fait de moi mon propre sauveur.

Les réformateurs protestants ont soutenu, de manière convaincante et en se basant sur la Bible, que nous ne pouvons pas combiner foi et œuvres, et que notre justification, notre droiture et notre salut dépendent de notre foi seule. Je n'ajouterai pas à leur argumentation. Je dirai simplement ceci : Personnellement, je ne pourrais pas vivre si ce n'était pas le cas. Je n'ai aucune espérance si ce n'est celle de me lever chaque matin et de me tenir debout sur ce fondement inébranlable :

> En Christ seul est mon espérance
> Sa justice est mon assurance.
> Il est devant Dieu mon appui
> Je n'en veux point d'autre que Lui. [40]

C'est mon seul espoir.

✋ Prière

Toi le seul vrai Dieu, ne nous laisse pas placer notre confiance dans nos bonnes œuvres ou mener notre vie en pensant qu'elles sont la base de notre salut. Apprends-nous à glorifier ta grâce et à placer toute notre confiance en elle seule, fondant nos vies entièrement sur ta promesse selon laquelle tu es le commencement et la fin de notre salut. Amen.

Question 34

Puisque nous sommes rachetés par la grâce seule, par le Christ seul, devons-nous encore accomplir de bonnes œuvres et obéir à la Parole de Dieu?

Oui. En effet, après nous avoir rachetés par son sang, Christ nous renouvelle aussi par son Esprit. Ainsi, nos vies peuvent témoigner de l'amour et de la gratitude que nous ressentons pour Dieu ; les fruits que nous portons nous rassurent quant à la réalité de notre foi ; en voyant notre vie d'attachement à Dieu, d'autres seront gagnés à Christ.

📖 1 PIERRE 2 : 9-12

Vous, au contraire, vous êtes un peuple choisi, des prêtres royaux, une nation sainte, un peuple racheté afin de proclamer les louanges de celui qui vous a appelés des ténèbres à sa merveilleuse lumière. Vous qui autrefois n'étiez pas un peuple, vous êtes maintenant le peuple de Dieu ; vous qui n'aviez pas obtenu compassion, vous avez maintenant obtenu compassion. Bien-aimés, je vous encourage, en tant que résidents temporaires et étrangers sur la terre, à vous abstenir des désirs de votre nature propre qui font la guerre à l'âme. Ayez une bonne conduite au milieu des non-croyants, afin que, là même où ils vous calomnient comme si vous faisiez le mal, ils remarquent votre belle manière d'agir et rendent gloire à Dieu le jour où il interviendra.

🗩 Commentaire

CHARLES HADDON SPURGEON (1834 – 1892)

Ainsi, chers amis, ces bonnes œuvres doivent se retrouver dans le chrétien. Elles ne sont pas la racine mais le fruit de son salut. Elles ne sont pas le chemin du salut du croyant ; elles sont sa marche sur le chemin du salut. Si un arbre est en bonne santé, il portera du fruit selon son espèce. En conséquence, si Dieu a rendu bonne notre nature, le fruit sera bon. Mais si le fruit est mauvais, c'est parce que l'arbre est ce qu'il a toujours été – un mauvais arbre. Le désir des hommes qui ont été recréés en Christ est de se débarrasser de tout péché. Nous péchons, mais nous n'aimons pas le péché. Parfois, à notre grande tristesse, le péché prend le dessus sur nous, et nous ressentons une sorte de mort lorsque nous constatons que nous avons péché. Et pourtant, le péché ne dominera pas sur nous, puisque nous ne sommes plus sous la loi mais sous la grâce ; dès lors, nous allons le vaincre et obtenir la victoire.[41]

LIGON DUNCAN

Si notre salut est par la grâce seule, par la foi seule, en Christ seul – si nous sommes sauvés, pardonnés et acceptés, non pas sur la base de nos bonnes œuvres ou de notre mérite, mais sur celle de ce que Jésus a fait pour nous –, y a-t-il toujours une place pour les bonnes œuvres et l'obéissance dans la vie chrétienne ? La Bible offre une réponse catégorique : oui.

Tout d'abord, il y a une place pour les bonnes œuvres car, à travers le salut, nous sommes sauvés non seulement du châtiment du péché, mais aussi du pouvoir du péché. Dans le salut, à travers l'œuvre de Jésus-Christ, nous ne trouvons pas seulement le pardon, mais aussi la transformation. Nous devenons de nouvelles créatures en Jésus-Christ. Il nous libère de la domination du péché sur notre vie. Ainsi, le salut par la grâce ne veut pas dire que le changement d'attitude ou la croissance est inutile à la vie chrétienne. Cela veut dire que ce changement d'attitude et cette croissance sont maintenant possibles par l'œuvre de son Saint-Esprit en nous.

Quelle est donc la place de la loi de Dieu et de l'obéissance à la Parole de Dieu dans la vie chrétienne ? La réponse à cette question se résume en trois mots : reconnaissance, assurance, et témoignage.

Dans la vie chrétienne, tout acte d'obéissance est un acte de reconnaissance envers Dieu, pour la grâce qu'il nous a témoignée en Jésus-Christ. Souvenez-vous de ce que Paul dit en Éphésiens 2 : « En effet, c'est par la grâce que vous êtes sauvés, par le moyen de la foi. Et cela ne vient pas de vous, c'est le don de Dieu. Ce n'est pas par les œuvres, afin que personne ne puisse se vanter. En réalité, c'est lui qui nous a faits ; nous avons été créés en Jésus-Christ pour des œuvres bonnes que Dieu a préparées d'avance afin que nous les pratiquions. » (v. 8-10). Entendez-vous ce que Paul annonce ? Il ne dit pas que nous sommes sauvés par les bonnes œuvres. En réalité, il le réfute explicitement. Mais il dit que nous sommes sauvés pour de bonnes œuvres, afin que nous les pratiquions. Dans la vie du chrétien, les œuvres ne servent donc pas à nous sauver. Elles ne servent pas à nous faire aimer de Dieu. Elles servent à exprimer à Dieu notre reconnaissance pour l'amour qu'il nous a manifesté le premier en Jésus-Christ, et pour le salut qu'il nous a donné généreusement en Jésus-Christ. Dans la vie chrétienne, tout acte d'obéissance à la Parole de Dieu est donc un acte de reconnaissance.

Ensuite, les bonnes œuvres accomplies par la foi permettent également de nous rassurer. Dans sa première lettre aux Thessaloniciens, Paul explique qu'il sait qu'ils ont été choisis par Dieu (1 Thessaloniciens 1 : 3-5). C'est une déclaration assez troublante. Comment pouvons-nous savoir que des gens ont été choisis par Dieu ? Au verset 3, Paul parle de l'œuvre de leur foi, du travail de leur amour et de la fermeté de leur espérance. En gros, il leur dit : « Je peux voir l'œuvre du Saint-Esprit dans votre vie, et cela me prouve que vous êtes des enfants de Dieu». Puis, il explique comment cela leur donne de l'assurance (v. 5). Dans notre vie chrétienne, nous sommes remplis d'assurance quand nous voyons Dieu à l'œuvre dans notre cœur, et cela se manifeste par notre obéissance aux commandements de Dieu.

Enfin, ce travail de la loi, des bonnes œuvres et de l'obéissance dans notre vie chrétienne se manifeste dans la sphère de notre témoignage. Lorsque nous obéissons à la Parole de Dieu, lorsque nous accomplissons des bonnes œuvres, nous rendons gloire à notre Père céleste. Et ceux qui nous voient comprennent que notre Père céleste est digne de gloire. Pierre explique cela quand il nous demande de bien nous conduire au milieu des non-croyants, afin que ceux-ci soient obligés de le reconnaître eux-mêmes et qu'ils rendent gloire à notre Père céleste et aimant, qui nous a sauvés par grâce (1 Pierre 2:12).

Ainsi, bien que nous soyons sauvés par grâce, nous sommes sauvés dans le but de mener une vie de bonnes œuvres et de joyeuse obéissance. Non pour nous faire aimer de Dieu, mais parce que Dieu nous aime et que nous voulons ressembler à son Fils, qui a dit: «Ma nourriture est de faire la volonté de celui qui m'a envoyé» (Jean 4:34).

Prière

Père Céleste, tu nous as sauvés du péché. Ne nous laisse pas continuer à vivre dans le péché comme si nous en étions encore esclaves. Les commandements que tu nous as donnés sont le chemin de la vie. Apprends-nous à garder précieusement tes commandements. Que tous ceux qui nous connaissent puissent voir nos bonnes œuvres et te glorifier. Amen.

Question 35

Puisque nous sommes
rachetés par grâce,
au moyen de la foi seule,
d'où nous vient cette foi?

Tous les dons que nous recevons de Christ, nous les recevons
par le Saint-Esprit, y compris la foi.

📖 TITE 3:4-6

Mais lorsque la bonté de Dieu notre Sauveur et son amour pour
les hommes ont été révélés, il nous a sauvés. Et il ne l'a pas fait
à cause des actes de justice que nous aurions pu accomplir, mais
conformément à sa compassion, à travers le bain de la nouvelle
naissance et le renouvellement du Saint-Esprit qu'il a déversé avec
abondance sur nous par Jésus-Christ notre Sauveur.

💬 Commentaire

FRANCIS SCHAEFFER (1912 – 1984)

Nous devons prendre conscience que le christianisme est la
religion la plus facile au monde. C'est en effet la seule religion
dans laquelle Dieu le Père, le Christ et le Saint-Esprit font tout eux-

mêmes. Dieu est le Créateur et nous n'y sommes pour rien dans le fait que nous existons ou que d'autres choses existent aussi. Nous pouvons donner forme à certaines choses, mais nous ne pouvons changer le fait même de l'existence. Nous ne contribuons en rien à notre salut parce que le Christ a tout accompli. Nous n'avons rien à faire. Dans toutes les autres religions, il faut toujours réaliser quelque chose... mais dans le christianisme, nous n'avons rien à faire. Dieu a tout fait : il nous a créés et il a envoyé son Fils ; son Fils est mort, et parce que le Fils est infini, il prend sur lui la totalité de notre culpabilité. Nous n'avons pas besoin de porter le poids de notre culpabilité, ni même d'essayer de gagner les mérites du Christ. Il accomplit tout. Ainsi, dans un sens, c'est la religion la plus facile au monde.[42]

SYLVAIN ROMEROWSKI

Bien des courants de pensée jugent l'être humain naturellement bon et espèrent une amélioration de l'humanité par une évolution positive au fil de l'Histoire. La Bible ne nourrit aucune illusion à cet égard. Il n'y a en fait pas de conception plus pessimiste de l'être humain que la sienne. Selon son enseignement, depuis l'entrée du péché dans le monde, non seulement l'être humain est pécheur et mérite la condamnation sans pouvoir y remédier par lui-même, mais le péché affecte aussi son être à tel point qu'il est incapable de se tourner vers Dieu avec foi pour recevoir le salut que Dieu lui offre comme un cadeau.

Ainsi, Jérémie affirme que le cœur humain est tortueux, imprégné par le péché et incurable (Jérémie 17:1, 9). Pas plus qu'un léopard ne peut changer les tâches de son pelage, l'homme ne peut changer radicalement de direction en se détournant du mal pour faire le bien (Jérémie 13:23). Jésus, de son côté, a déclaré : « Personne ne peut venir à moi [pour être sauvé] si le Père ne l'attire » (Jean 6:44). Et Paul écrivait que l'homme livré à lui-même – autrement dit l'homme qui n'a pas été renouvelé par le Saint-Esprit – n'est que haine de Dieu dans toutes ses tendances et incapable de plaire à Dieu (Romains 8:7-8). Or la foi est certainement la première disposition à adopter pour plaire à Dieu, mais le pécheur en est incapable par lui-même. En fait, l'homme sans Dieu est incapable de recevoir ce qui vient de l'Esprit de Dieu, et en particulier l'Évangile que les apôtres ont prêché sous l'inspiration de l'Esprit (1 Corinthiens 2 : 12-14).

L'être humain pécheur a donc besoin, pour se tourner vers Dieu, de recevoir l'Évangile avec foi et d'être ainsi au bénéfice du salut, et que le Saint-Esprit transforme ses dispositions intérieures profondes. C'est pourquoi Paul envisage que les contradicteurs soient amenés par Dieu à changer d'attitude pour connaître la vérité (2 Timothée 2 : 25). Lorsque nous nous tournons vers Dieu avec foi pour recevoir sa grâce, c'est parce qu'il a lui-même agi en nous pour produire le vouloir et le faire (Philippiens 2 : 12-13). Il est important de souligner que cela ne signifie pas que Dieu voudrait et ferait à notre place : lui nous fait vouloir et faire, mais c'est nous qui voulons et faisons. Il nous incombe bien d'exercer notre responsabilité en nous tournant vers Dieu avec foi. Mais ayant exercé ainsi notre responsabilité et regardant en arrière, nous devrons reconnaître que, si nous l'avons fait, c'est parce que Dieu nous a fait la grâce d'œuvrer en nous.

Pour nous amener à mettre notre confiance en lui, Dieu peut utiliser divers moyens : il fait naître les uns dans une famille chrétienne, il suscite en certains le désir de le connaître, il place sur la route de certains des chrétiens qui leur communiquent l'Évangile, il se sert de la lecture de la Bible, de l'enseignement de l'Église... Mais au-delà de ces moyens, il doit aussi produire les dispositions nécessaires à l'éclosion de la foi.

Ainsi, si j'ai mis ma confiance en Dieu pour recevoir le salut, ce n'est pas parce que j'étais par nature mieux disposé que mes voisins non chrétiens. Mais c'est parce que Dieu l'a voulu pour moi et a agi en moi. La grâce de Dieu n'en paraît que plus extraordinaire : pourquoi Dieu l'a-t-il voulu pour moi alors que j'étais incapable de le vouloir ? Cela doit nous conduire à l'humilité et à la reconnaissance envers Dieu.

Il y a là en outre une source d'encouragement. Paul affirme que Dieu, qui a commencé en nous son œuvre, ne la laissera pas en plan mais la portera à son achèvement jusqu'au jour du retour de Christ (Philippiens 1:6). C'est là une formidable motivation à persévérer dans la foi, sachant que nous dépendons totalement de Dieu qui est fidèle.

Prière

Saint-Esprit, tu nous as cherchés alors que nous ne pouvions pas te chercher puisque nous étions morts dans nos fautes et notre péché. C'est toi qui nous as fait don de la foi ; aucun de nous ne pourrait croire sans ta grâce qui nous régénère. C'est par elle que tu transformes nos cœurs de pierre en cœurs de chair. Délivre-nous de tout orgueil à la lumière de ta grâce imméritée. Amen.

Troisième partie

Christ, la restauration, la croissance dans la grâce

Question 36

Que croyons-nous à propos du Saint-Esprit ?

Nous croyons qu'il est Dieu, coéternel avec le Père et le Fils, et que Dieu l'accorde de manière irrévocable à tous ceux qui croient.

JEAN 14 : 16-17

Quant à moi, je prierai le Père et il vous donnera un autre défenseur afin qu'il reste éternellement avec vous : l'Esprit de la vérité, que le monde ne peut pas accepter parce qu'il ne le voit pas et ne le connaît pas. Vous, vous le connaissez, car il reste avec vous et il sera en vous.

Commentaire

AUGUSTIN D'HIPPONE (354 – 430)

Ainsi, quand le Seigneur a soufflé sur ses disciples et leur a dit « Recevez le Saint-Esprit », il souhaitait assurément que l'on comprenne que l'Esprit saint n'était pas seulement l'Esprit du Père, mais aussi celui de son Fils unique. Car le même esprit est en effet l'Esprit du Père et du Fils, et il constitue avec eux la Trinité – Père, Fils et Saint-Esprit – non pas créature mais le Créateur.[43]

SAM STORMS

Les chrétiens n'ont en général pas de difficulté à considérer Dieu comme un Père. Et imaginer Dieu comme le Fils ne pose pas trop de problèmes non plus. Ces termes nous parlent, car nos vies et nos relations sont inévitablement liées à des pères et à des fils, ici, sur la terre. Mais considérer Dieu comme Saint-Esprit, c'est une autre affaire. Gordon Fee rapporte les propos de l'un de ses étudiants : « Dieu le Père, je peux tout à fait le concevoir, et Dieu le Fils, je peux assez bien le comprendre ; mais le Saint-Esprit, c'est plutôt une forme allongée, grise et flottante[44]. »

Ce que nous lisons dans les Écritures est tellement différent ! Nous n'y lisons pas que l'Esprit est en troisième position au sein de la Divinité, mais qu'il est égal au Père et au Fils, éternel comme eux, partageant avec eux la gloire et l'honneur dus à notre Dieu trinitaire. Le Saint-Esprit n'est pas une puissance impersonnelle ou une énergie abstraite et impalpable. L'Esprit est une personne dans tous les sens du terme. Il pense et réfléchit (Ésaïe 11 : 2 ; Romains 8 : 27). Il est doué de sentiments et capable de ressentir une profonde affection (Romains 8 : 26 et 15 : 30). L'Esprit a une volonté et fait des choix, afin de donner ce qu'il y a de meilleur au peuple de Dieu et ce qui glorifiera le plus le Fils (Actes 16 : 7 ; 1 Corinthiens 2 : 11).

Nous en apprenons encore davantage sur la personnalité de l'Esprit quand on le décrit comme attristé par notre péché (Éphésiens 4 : 30). L'Esprit, tout comme le Père et le Fils, développe une relation intime et ardente avec tous ceux en qui il demeure (2 Corinthiens 13 : 13). L'Esprit s'exprime (Marc 13 : 11 ; Apocalypse 2 : 7), rend témoignage (Jean 15 : 26 ; 16 : 13), encourage (Actes 9 : 31), fortifie (Éphésiens 3 : 16) et nous enseigne, en particulier dans les moments d'urgence spirituelle (Luc 2 : 12). On se rend compte que l'Esprit est une personne car on peut lui mentir (Actes 5 : 3), l'insulter (Hébreux 10 : 29), et même blasphémer contre lui (Matthieu 12 : 31-32).

Mais, par-dessus tout, le Saint-Esprit est « l'Esprit de Christ » (Romains 8 : 9). Son rôle principal dans notre cœur, qui est le temple de Dieu dans lequel il demeure (Éphésiens 2 : 21-22), est de nous rediriger et nous réorienter pour attirer notre attention sur la personne de Christ. Il éveille en nous une sincère affection et un profond dévouement pour le Sauveur (Jean 14 : 26 ; 16 : 12-15). Le Saint-Esprit prend plaisir, par-dessus tout, à servir de projecteur, placé derrière nous (bien que demeurant en nous), pour attirer nos pensées et nos réflexions sur la beauté du Christ, ainsi que sur tout ce que Dieu représente pour nous en lui et à travers lui.

Lorsque nous méditons, dans la prière, sur la personne et l'œuvre de l'Esprit, et le remercions pour sa présence souveraine dans nos vies, nous devrions nous rappeler les paroles de Thomas Torrance qui disait : « L'Esprit n'est pas juste quelque chose de divin ou quelque chose de semblable à Dieu, qui émanerait de lui. Ce n'est pas une sorte d'action effectuée au loin, ou un genre de don dissociable de Dieu, car, par le Saint-Esprit, Dieu agit lui-même directement sur nous, et, en nous donnant son Saint-Esprit, Dieu ne nous donne rien de moins que lui-même[45] ».

✍ Prière

Dieu, notre soutien, nous te remercions de nous avoir envoyé ton Esprit qui est venu vivre en nous. Merci car il nous corrige et nous discipline, il nous fortifie et nous réconforte. Que notre vie de foi soit vécue par sa puissance et non la nôtre. Fais-nous marcher dans les voies de l'obéissance, remplis de sa joie. Amen.

Question 37

Comment le Saint-Esprit nous aide-t-il?

Le Saint-Esprit nous convainc de notre péché, nous réconforte, nous guide, nous accorde des dons spirituels et le désir d'obéir à Dieu; il nous rend capables de prier et de comprendre la Parole de Dieu.

📖 ROMAINS 8:13-17

Si vous vivez en vous conformant à votre nature propre, vous allez mourir, mais si par l'Esprit vous faites mourir les manières d'agir du corps, vous vivrez. En effet, tous ceux qui sont conduits par l'Esprit de Dieu sont fils de Dieu. Et vous n'avez pas reçu un esprit d'esclavage pour être encore dans la crainte, mais vous avez reçu un Esprit d'adoption, par lequel nous crions: «Abba! Père!» L'Esprit lui-même rend témoignage à notre esprit que nous sommes enfants de Dieu. Or, si nous sommes enfants, nous sommes aussi héritiers: héritiers de Dieu et cohéritiers de Christ, si toutefois nous souffrons avec lui afin de prendre aussi part à sa gloire.

💬 Commentaire

JOHN OWEN (1616 – 1683)

Le Saint-Esprit, qui habite en nous, nous dirige et nous conduit. Fondamentalement, et de manière constante, il éclaire notre esprit, nous donne de voir et de comprendre. Il brille en nous, et nous fait passer des ténèbres à la merveilleuse lumière, de telle sorte que nous sommes en mesure de voir notre voie, de connaître nos sentiers, et de discerner les choses de Dieu [...] Il donne un nouvel éclairage et une nouvelle compréhension qui nous permettent, de manière générale, de « discerner, comprendre, et recevoir les choses spirituelles. » [...] l'Esprit étant déversé avec abondance sur nous, nous recevons force et lumière. La force pour recevoir et vivre toutes ses révélations gracieuses envers nous [...] L'Esprit qui habite en nous nous permet aussi de persévérer. Nos cœurs sont parfois sur le point de défaillir et de sombrer sous le poids de nos épreuves. En effet, il suffit de peu de choses : notre corps, et notre cœur, et tout ce qui est en nous, sont bien vite sur le point de nous faire défaut [...] L'Esprit nous vient alors en aide, et porte cette faiblesse qui menace de nous faire tomber.[46]

JAMES HELY HUTCHINSON

L'Esprit Saint est caractérisé par l'effacement : il glorifie Jésus-Christ (Jean 16 : 14), mais il n'attire pas l'attention sur lui-même. Il n'en reste pas moins qu'il nous convient de prendre connaissance de son action gracieuse en nous croyants – et d'exprimer notre reconnaissance pour cette œuvre.

Et quelle œuvre ! Qui nous permet d'être conscients de quelque réalité que ce soit dans le domaine spirituel, sinon le Saint-Esprit ? C'est lui qui nous a ouvert le cœur au départ, et qui continue à nous convaincre de notre péché et à illuminer les yeux de notre cœur (Actes 16 : 14 ; Jean 16 : 8-11 ; 1 Corinthiens 2 : 2-16 ; Éphésiens 1 : 18). Qui nous permet d'être en Christ au bénéfice de son œuvre sur la croix, sinon le Saint-Esprit (1 Corinthiens 6 : 17 ; 1 Corinthiens 12 : 13) ? Qui nous permet de connaître le statut privilégié d'enfants adoptifs du Dieu de l'univers, de mis à part en tant que sa possession et membres du peuple de Jésus-Christ, sinon le Saint-Esprit (Romains 8 : 14-16 ; 1 Corinthiens 6 : 11) ? Qui permet la présence en nous de Dieu le Père et de Dieu le Fils, sinon le Saint-Esprit (Jean 14 : 23 ; Romains 5 : 5) ? Qui nous permet de prier le Père en Christ dans le cadre d'une relation intime, sinon le Saint-Esprit (Romains 8 : 15-16 ; Romains 8 : 26 ; Galates 4 : 6 ;

Éphésiens 2 : 18) ? Qui nous permet de mettre à mort le péché dans notre vie, de faire preuve de courage dans l'évangélisation, de désirer servir les autres et de promouvoir la gloire de Dieu au moyen de nos dons, sinon le Saint-Esprit agissant de concert avec le Père et le Fils (Romains 8 : 13 ; Galates 5 : 22-24 ; Actes 4 : 31 ; 2 Timothée 1 : 7 ; 1 Corinthiens 12 ; 2 Corinthiens 3 : 17-18) ? Qui constitue les arrhes – la garantie – de notre héritage glorieux, sinon le Saint-Esprit (Éphésiens 1 : 13-14 ; Éphésiens 4 : 30 ; 2 Corinthiens 1 : 22 ; 2 Corinthiens 5 : 5) ?

Et si nous étions privés de tout cela ? Nouveauté de naissance, de convictions, de statut, d'identité, de relation, de présence, de puissance, de destin... Le Saint-Esprit n'agit pas seul mais remplit un rôle-charnière dans tous ces domaines... Quelle grâce ! N'avons-nous pas envie d'exprimer notre reconnaissance ? Si oui, faisons monter au Père des actions de grâce... mais pas seulement. Engageons-nous également dans le combat pour lequel l'Esprit nous rend capables. N'attristons pas l'Esprit (Éphésiens 4 : 30). Laissons-nous conduire par lui (Romains 8 : 14). Cédons à son influence (Éphésiens 5 : 18). Prenons son épée, la Parole, priant constamment par lui (Éphésiens 6 : 17-18). Le combat est rude, mais glorieux. Il est aussi temporaire : si nous soupirons par l'Esprit maintenant (cf. Romains 8 : 23), un jour le combat cessera. Et, entre-temps, chaque fois que nous remportons la victoire contre l'ennemi, c'est grâce à l'action ô combien précieuse du Saint-Esprit en nous.

✍ Prière

Notre Dieu, notre Père, combien nous te remercions pour l'action du Saint-Esprit qui nous a rattachés au Christ et pour le privilège d'avoir été adoptés en tant que tes enfants. Mais nous savons que le péché continue de nous coller à la peau. C'est pourquoi nous te supplions de nous aider, jour après jour, à nous laisser conduire par ton Esprit. Rends-nous davantage conformes à l'image de ton Fils jusqu'au dernier jour pour lequel l'Esprit nous a scellés. C'est ce que nous te demandons au nom de Jésus, Amen.

Question 38

Qu'est-ce que la prière?

Prier, c'est répandre son cœur devant Dieu dans la louange,
la requête, la confession des péchés et la reconnaissance.

📖 PSAUMES 62:9

En tout temps, peuples, confiez-vous en lui, épanchez votre
cœur devant lui! Dieu est notre refuge.

🗨 Commentaire

ABRAHAM BOOTH (1734 – 1806)

Puisque les ennemis de votre âme sont déterminés, subtils, et
puissants, et que votre constitution spirituelle est inconstante, il
est absolument nécessaire que vous viviez à l'ombre du rappel
constant de ces observations vivifiantes. Qu'y a-t-il de plus recom-
mandable et de plus primordial que de marcher avec circonspec-
tion, de veiller et prier, afin de ne pas tomber en tentation? La
certitude de votre propre faiblesse et de votre insuffisance devrait
toujours être présente dans votre esprit et se manifester dans votre
conduite. Étant donné que la corruption de votre nature est un
ennemi qui rôde toujours près de vous et en vous, pendant que
vous vivez sur la terre; et, étant donné que cette corruption a
tendance à renforcer les tentations venant du dehors; vous devriez
donc «veiller soigneusement sur votre cœur». Veillez, veillez soi-

gneusement sur toutes les rêveries, toutes les agitations, et toutes les impulsions de votre cœur. Examinez d'où elles proviennent et vers quoi elles vous mènent avant que vous n'exécutiez le moindre des desseins formés en elles. Car telle est la perfidie suprême du cœur humain, de telle sorte que « celui qui y place sa confiance est un insensé », ignorant de ses dangers, et inconscient de ses propres intérêts. Cet examen devrait conduire chaque enfant de Dieu à plier un genou suppliant, constamment, dans la plus grande humilité et ferveur, et de vivre, pour ainsi dire, au pied du trône de grâce. Et de ne point le quitter avant d'être assurément hors de portée du danger. Ceci est certain : plus nous réalisons la force de nos adversaires et l'ampleur du danger qui nous guette à cause d'eux, plus nous nous exercerons à la prière fervente. – Ô chrétien, t'est-il possible de rester calme et indifférent, fade et insouciant, tandis que le monde, la chair, et le diable sont tes opposants implacables et inlassables ?[47]

JOHN PIPER

La prière, c'est votre manière de marcher par l'Esprit. La prière, c'est votre manière de marcher par la foi. En d'autres termes, c'est le souffle de la vie d'un chrétien tout au long de la journée. Inspirez, expirez. C'est votre manière de vivre.

Laissez-moi illustrer cela à l'aide de quatre éléments mentionnés dans le catéchisme : la confession, la requête, la louange et la reconnaissance. Ce que je vous encourage à faire chaque fois que vous vous trouvez dans une situation où vous vous dites « Ô ! J'ai besoin d'aide ici », c'est de prier en utilisant ces quatre éléments.

Supposons que je doive prendre la parole devant un groupe de personnes et que je sois nerveux (vous pouvez adapter l'exemple à vos propres difficultés). Alors que le moment approche, je me demande : « Vais-je être capable de le faire ? Vais-je me souvenir de ce que j'ai à dire ? Vais-je me ridiculiser ? » Et à ce moment-là, je confesse mon besoin à Dieu. Je dis : « Seigneur, je suis pécheur. Je ne mérite pas ton aide, mais j'en ai besoin. Je ne peux rien accomplir sans toi. » Ceci est l'étape confession de ma prière.

Puis, je passe de la confession à la requête. « Seigneur, je t'en prie, aide-moi. J'ai besoin d'une bonne mémoire. J'ai besoin d'une bonne capacité d'élocution. Je dois avoir une présence d'esprit adaptée. J'ai besoin d'humilité. Je dois pouvoir regarder les gens dans les yeux. J'ai besoin de toutes ces choses. Je veux être utile à mon auditoire. Mais je n'en suis pas capable par moi-même. Aide-moi. » Ceci est l'étape requête de ma prière. Un appel à l'aide.

Ensuite, je dois chercher et me saisir d'une promesse de Dieu qui est digne de mes louanges et digne de ma confiance. Dieu dit, par exemple : « Je te fortifie, je viens à ton secours, je te soutiens par ma main droite, la main de la justice » (Ésaïe 41 : 10). Je me saisis de cette promesse, de cette puissance, de cet amour, de cette bonté, et je m'y accroche. Je lui fais confiance et je le loue. « Toi, Seigneur, tu peux m'aider. Je peux compter sur ton aide. Je te loue car tu es un Dieu qui désire m'aider et qui en est capable ! » Ceci est l'étape confiance et louange de ma prière.

Puis je me lance et je prononce mon allocution, lui faisant totalement confiance. Et quand j'ai terminé, qu'importe comment cela s'est passé, je le remercie. Puisque j'ai été confiant en son aide, je crois qu'il utilisera mes efforts, peu importe que je pense m'en être bien sorti ou pas. « Merci Seigneur ! » Ceci est l'étape reconnaissance de ma prière.

Et voilà ! Quatre mots clés dans le catéchisme.

Un, *confessez* continuellement vos besoins au Seigneur : « J'ai besoin de toi ! »

Deux, criez à Dieu votre *requête* : « Aide-moi ! »

Trois, saisissez les promesses de Dieu avec confiance et *louez-le* pour sa capacité à les tenir.

Puis, lorsqu'il vous aide, adorez-le et dites-lui « *Merci !* ».

C'est cela, le rythme et le souffle de la vie du chrétien.

🖐 Prière

Notre sûr Refuge, merci de nous appeler à prier. Tu n'es pas distant, tu es là et tu entends nos prières. Apprends-nous à répandre sans cesse notre cœur devant toi. Que nos prières soient pures, nous présentant tels que nous sommes devant ton trône de grâce. Amen.

Quelle attitude devons-nous avoir quand nous prions?

Nous devons prier avec amour, persévérance et reconnaissance, dans une humble soumission à la volonté de Dieu, sachant qu'à cause de Christ, Dieu entend toujours nos prières.

📖 PHILIPPIENS 4:6

Ne vous inquiétez de rien, mais en toute chose faites connaître vos besoins à Dieu par des prières et des supplications, dans une attitude de reconnaissance.

💬 Commentaire

JOHN BUNYAN (1628 – 1688)

Avant de commencer à prier, pose ces questions à ton âme: dans quel but, ô mon âme, t'es-tu retirée en ce lieu? N'es-tu pas venue pour converser avec le Seigneur dans la prière? Est-il présent? T'entendra-t-il? Est-il miséricordieux? Te viendra-t-il en aide? Ton sujet de prière est-il insignifiant? Ne concerne-t-il pas le bien-être de ton âme? Quelles paroles utiliseras-tu pour qu'il soit ému de compassion? Pour achever ton questionnement, réfléchis au fait que tu n'es que poussière et cendres, et qu'il est le grand Dieu, Père de notre Seigneur Jésus-Christ, qui se couvre de lumière comme d'un vêtement. Tu n'es qu'un vil pécheur, et lui le Dieu saint. Tu n'es qu'un pauvre ver de terre, et lui le Créateur omnipotent. Dans toutes tes prières, ne manque jamais de remercier le Seigneur pour ses compassions. Lorsque tu pries, mieux vaut un cœur sans paroles que des paroles sans cœur. Ou la prière aura pour effet qu'un homme cessera de pécher, ou le péché aura pour effet qu'un homme cessera de prier.[48]

THABITI ANYABWILE

Une « prière hypocrite » est un oxymore ; la prière et l'hypocrisie sont simplement incompatibles. Tout ce que nous appelons à juste titre prière devrait être complètement libre de toute hypocrisie. C'est ce que le Seigneur nous enseigne dans les évangiles quand il parle de ceux qui prient pour leur auditoire ; pour eux la prière est une forme de spectacle. Et si vous pratiquez la prière depuis un certain temps, vous savez que nous n'avons même pas besoin d'un auditoire pour que notre prière soit un spectacle. Parfois nous nous regardons nous-mêmes en train de prier. Nous admirons l'éloquence de nos invocations. Nous apprécions nos jolies tournures de phrases. Nos prières peuvent ainsi passer d'un acte de communion avec Dieu à une manifestation d'orgueil.

Mais la véritable prière est une expression d'amour. C'est une expression de persévérance. C'est une expression de reconnaissance.

Pourquoi une expression d'amour ? Parce qu'au travers de la prière, nous communions avec Dieu le Père, Dieu le Fils et Dieu le Saint-Esprit. Nous prions le Père dans le nom du Fils par le moyen du Saint-Esprit. Par la prière nous jouissons de leur présence, nous apprenons à mieux les connaitre et nous communions avec eux. Comment la prière pourrait-elle être une communion sans amour ?

La prière devrait aussi être faite de persévérance, de constance, d'insistance, alors que nous frappons sans cesse à la porte de Dieu. Cette persévérance est nécessaire si nous voulons remporter la victoire sur notre chair. Notre chair mène une guerre contre notre esprit. Et d'ailleurs, n'est-il pas vrai que lorsque nous prions, notre esprit vagabonde parfois et se laisse distraire ? Quand nous prions, ne sommes-nous pas parfois confrontés à notre fragilité, notre faiblesse, notre épuisement ? Il m'est arrivé de m'endormir pendant la prière comme l'ont fait les disciples à Gethsémané. Nous avons donc besoin de persévérance et nous avons besoin de nous tourner avec insistance vers les choses de Dieu, de repousser fermement les distractions du monde, de crucifier notre chair à nouveau pour faire l'expérience d'une communion profonde avec le Seigneur.

Enfin, la prière devrait être une expression de reconnaissance. Un temps pour compter les bienfaits de Dieu, pour reconnaître sa providence. Un temps pour observer les irruptions soudaines de Dieu dans nos vies pour que nous puissions recevoir non seulement le Christ, mais toute chose en lui. Pour que nous puissions le recevoir et le vivre de manière surprenante, aux moments opportuns, parfois plus tard que ce que nous espérions ou pensions. Ces interruptions divines, qui sont des bénédictions et la manifestation de sa bonté envers nous, devraient nous permettre de cultiver en nous la reconnaissance. Nos prières devraient nous permettre d'exprimer cette reconnaissance, de telle sorte que nous devenions conscients de la bonté et de la grâce du Seigneur.

Même quand nous ne pouvons pas réellement identifier la main de Dieu, nous pouvons faire confiance à son cœur parce que nous savons que Dieu est bon, et nous sommes reconnaissants pour sa bonté. Cela nous incite à persévérer et à prier. Cela nous pousse à nous tourner encore une fois avec amour vers Jésus-Christ notre Sauveur, Dieu notre Père et l'Esprit Saint notre Consolateur.

🖐 Prière

Père d'amour, nous venons à toi dans le nom de ton Fils bien-aimé. Apprends-nous à persévérer dans la prière, même lorsque nous ne voyons pas de réponse immédiate. Donne-nous de croire que tu ne nous priveras pas de ce qui est bon pour nous. Donne-nous de te faire confiance, car tu ne nous donneras pas ce que nous recherchons si cela peut nous causer du tort. Tes voies sont tellement au-dessus de nos voies, et nous confions toutes nos requêtes à ta bonté souveraine. Amen.

Question 40

Que devrions-nous prier?

Toute la Parole de Dieu nous dirige et nous inspire dans ce que nous devons prier, y compris la prière que Jésus lui-même nous a enseignée.

📖 ÉPHÉSIENS 3:14-21

Voilà pourquoi je plie les genoux devant le Père, de qui toute famille dans le ciel et sur la terre tient son nom. Je prie qu'il vous donne, conformément à la richesse de sa gloire, d'être puissamment fortifiés par son Esprit dans votre être intérieur, de sorte que le Christ habite dans votre cœur par la foi. Je prie que vous soyez enracinés et fondés dans l'amour pour être capables de comprendre avec tous les saints quelle est la largeur, la longueur, la profondeur et la hauteur de l'amour de Christ, et de connaître cet amour qui surpasse toute connaissance, afin que vous soyez remplis de toute la plénitude de Dieu.

À celui qui peut faire, par la puissance qui agit en nous, infiniment plus que tout ce que nous demandons ou pensons, à lui soit la gloire dans l'Église et en Jésus-Christ, pour toutes les générations, aux siècles des siècles! Amen!

💬 Commentaire

JEAN CHRYSOSTOME (347 – 407)

Les saintes Écritures sont pour nous source de grand gain. Elles nous viennent en aide dans tous nos besoins. C'est ce que Paul soulignait lorsqu'il a dit : « Or tout ce qui a été écrit d'avance l'a été pour notre instruction (à nous qui sommes parvenus à la fin des temps) afin que, par la persévérance et par le réconfort que donnent les Écritures, nous possédions l'espérance ». (Romains 15 : 4 et 1 Corinthiens 10 : 11) En effet, ces paroles divines sont un trésor renfermant toutes sortes de remèdes. Faut-il réprimer un orgueil insensé, ou éteindre la flamme de la convoitise sexuelle, fouler aux pieds l'amour des richesses, mépriser la douleur, cultiver la bonne humeur, développer la patience ? Dans les Écritures, chacun trouvera en abondance les moyens d'y arriver.[49]

ALISTAIR BEGG

Quand nous nous demandons ce pour quoi nous devrions prier, nous nous tournons instinctivement vers la Bible, parce que c'est la Bible qui nous inspire et nous conduit. Ainsi, que ce soit Jésus qui nous rappelle que nous devrions toujours prier sans nous relâcher, ou Paul qui rappelle aux Philippiens de ne jamais s'inquiéter, mais de se tourner vers Dieu dans la prière en toutes circonstances, c'est toujours la Bible qui nous permet de rester sur la bonne voie. En fait, lorsque nous prions, nous demandons à Dieu de rendre notre vie et la vie des gens pour lesquels nous prions conformes à ses desseins. Et quand nous prions de cette manière, nous devenons capables de prier avec assurance.

Alors, nous pouvons prier pour notre monde, pour qu'hommes et femmes puissent être amenés à croire à l'Évangile. Nous pouvons prier pour que Dieu envoie des ouvriers dans la moisson, comme Jésus l'a dit. Nous pouvons prier pour l'œuvre de l'Évangile dans notre propre vie, pour que nous puissions devenir saints, remplis de joie et de reconnaissance. Et, alors que nous prions pour toutes ces choses, nous devons nous rappeler que Dieu est bien davantage désireux de nous donner sa bénédiction que nous ne le sommes pour prendre le temps de la lui demander.

Comme Jésus l'a dit, « Si donc, mauvais comme vous l'êtes, vous savez donner de bonnes choses à vos enfants, votre Père céleste donnera plus volontiers de bonnes choses à ceux qui les lui demandent » (Matthieu 7 : 11).

Prière

Dieu qui nous entend, que ta Parole vivante modèle nos désirs et nos prières. Qu'elle nous mette au défi de prier pour ce qui paraît impossible. Qu'elle nous révèle qui tu es vraiment alors que nous nous approchons de toi en tant que fils et filles bien-aimés. Qu'elle nous pousse à nous agenouiller devant toi alors que nous comprenons par elle notre besoin de toi. Amen.

Question 41

Quelle est la prière que le Seigneur a enseignée?

«Notre Père céleste! Que la sainteté de ton nom soit respectée, que ton règne vienne, que ta volonté soit faite sur la terre comme au ciel. Donne-nous aujourd'hui notre pain quotidien; pardonne-nous nos offenses, comme nous aussi nous pardonnons à ceux qui nous ont offensés; ne nous expose pas à la tentation, mais délivre-nous du mal, car c'est à toi qu'appartiennent, dans tous les siècles, le règne, la puissance et la gloire. Amen!»

📖 MATTHIEU 6:9

Voici donc comment vous devez prier: «Notre Père céleste! Que la sainteté de ton nom soit respectée ...»

💬 Commentaire

MARTIN LUTHER (1483 – 1546)

Vous sentez-vous faible et timide? La chair et le sang entravent toujours la foi, comme si vous n'étiez jamais assez digne, ou assez qualifié, ou assez sérieux pour prier. Ou bien, puisque vous êtes un pécheur, mettez-vous en doute le fait que Dieu vous ait entendu?

Agrippez-vous alors à la Parole et dites: Bien que je sois un pécheur, bien que je sois indigne, j'ai reçu un ordre de Dieu, qui me dit de prier, et la promesse qu'il m'entendra avec bienveillance, non pas parce que je suis méritant, mais à cause du Seigneur Christ. C'est ainsi que vous pouvez chasser les pensées et les doutes, et promptement vous agenouiller et prier, sans essayer de savoir si vous êtes digne ou indigne, mais tournant vos yeux vers votre besoin et vers sa parole sur laquelle il vous dit de construire. Faites ceci d'autant plus qu'il a placé devant vos yeux et mis dans votre bouche les mots, afin que vous sachiez comment prier, et pour quoi prier. Adressez-lui vos prières avec joie, et déposez-les à ses pieds, afin qu'il puisse, à cause de ses propres mérites, les déposer devant le Père.[50]

ETIENNE GROSRENAUD

Comment prier? Cette question a touché tous les croyants et traversé tous les siècles. Les disciples l'ont posée à Jésus. Nous sommes ainsi les heureux lecteurs de sa réponse.

Jésus n'a pas répondu aux disciples en donnant un enseignement théorique sur la prière et en y ajoutant quelques suggestions plus concrètes pour les aider à prier. Il a prié!

Il nous a laissé un modèle simple, riche et inépuisable.

Le début de la prière nous rappelle qui est Celui vers qui nous tournons nos regards. Beaucoup d'entre nous auraient probablement commencé en évoquant le grand Dieu créateur de tout l'univers. Jésus nous apprend à nous approcher de « notre Père »! Celui qui nous aime parfaitement et qui nous accueille comme ses enfants. Bien sûr il est au ciel et nous sur la terre, il est saint et il règne. Et nous devons nous soumettre à sa volonté. Mais tout cela en comprenant qu'il est notre Père.

Ensuite Jésus enseigne ses disciples à reconnaître leur besoin constant du Père pour le pain, pour le pardon et pour la lutte contre le mal. Dans tous ces domaines, notre Père est notre secours nécessaire et suffisant. Certaines circonstances peuvent nous souffler à l'oreille que nous n'avons pas besoin de Dieu pour notre pain quotidien, d'autres situations peuvent nous faire penser qu'il est tout à fait exclu de pardonner ou bien que nous n'avons aucune chance de sortir vainqueurs devant de telles tentations. Toutes ces voix sont fausses. Notre Père est notre secours nécessaire et suffisant en toute circonstance. Nous pouvons donc toujours nous tourner vers lui et reconnaître que toute la gloire lui est due.

Prions donc notre Père! Peu de choses sont aussi importantes et utiles! Puisse cette prière nous y aider par sa simplicité et sa profondeur.

Prière

Notre Père qui est aux cieux, lorsque nous faisons monter vers toi la prière que tu nous as enseignée, garde-nous d'en faire une récitation de paroles creuses. Que ces requêtes soient le cri de notre cœur. Que ton règne vienne en nous et au travers de nous, pour la gloire de ton nom. Amen.

Question 42

Comment devons-nous lire et écouter la Parole de Dieu ?

Avec zèle, en nous y préparant et en priant afin de pouvoir l'accepter avec foi, la garder dans nos cœurs et la mettre en pratique dans nos vies.

📖 2 TIMOTHÉE 3 : 16-17

Toute l'Écriture est inspirée de Dieu et utile pour enseigner, pour convaincre, pour corriger, pour instruire dans la justice, afin que l'homme de Dieu soit formé et équipé pour toute œuvre bonne.

💬 Commentaire

THOMAS CRANMER (1489 – 1556)

Ainsi, j'exhorte tous ceux qui viennent lire ou écouter ce livre, qui est la parole de Dieu, le bijou le plus précieux et le souvenir le plus saint qui subsiste sur la terre : approchez-vous dans la crainte de Dieu, et faites-le avec tout le respect qui lui est dû. Utilisez votre connaissance, non pas pour obtenir une vaine gloire grâce à une argumentation futile, mais pour honorer Dieu, affirmer votre courage, et vous édifier vous-même ainsi que ceux qui vous entourent.[51]

KEVIN DEYOUNG

La Bible n'est pas un livre parmi d'autres, et c'est pourquoi nous devons l'aborder d'une manière unique. La Bible a été inspirée par Dieu : « Toute l'Écriture est inspirée de Dieu » (2 Timothée 3 : 16). Cela ne veut pas dire qu'elle est source d'inspiration pour nous. C'est vrai qu'elle est source d'inspiration et qu'elle nous stimule à l'action. Mais qu'elle soit ou pas source d'inspiration pour nous, le fait est qu'elle reste elle-même inspirée. C'est la Parole de Dieu qui nous est adressée. C'est le souffle de Dieu, c'est Dieu qui ouvre ses saintes lèvres et qui nous parle. Cette Parole est donc la Parole de Dieu, et cette Parole est exactement ce que Dieu voulait voir écrit dans les Saintes Écritures.

Cela implique que nous devons aborder les Écritures avec un respect et un soin particulier. Nous nous approchons de la Bible très prudemment. Nous devons être consciencieux. Nous devons être préparés. Nous devons la prendre au sérieux. Et nous abordons aussi ce livre avec un respect particulier car Dieu nous parle à travers lui. Une des façons de commencer à se soumettre à la Parole est d'arrêter de dire à Dieu ce qu'il doit faire. Dieu nous parle maintenant. Un jour, un théologien a dit qu'être chrétien, c'est mettre sa main sur sa bouche et se taire. Cela ne veut pas dire que nous ne pouvons jamais crier à Dieu. Les Psaumes sont d'ailleurs remplis d'appels à Dieu. Mais cela veut dire que nous abordons les Écritures avec respect, que nous désirons entendre ce que Dieu a à nous dire, et que nous nous soumettons complètement à sa Parole.

Lorsque nous lisons la Bible, notre but n'est pas simplement d'acquérir des connaissances. Certes, nous acquérons aussi des connaissances, et Dieu les utilise. Mais nous essayons d'obtenir de la Bible bien plus que des connaissances. Nous voulons la foi. C'est ce que Dieu désire : que nous acceptions la Parole avec foi, avec un réel plaisir, que nous ayons une soif pour la Parole, que nous soyons attachés à sa Parole.

Lorsque nous accueillons la Parole de Dieu avec foi, nous la conservons dans notre cœur. Charles Spurgeon disait de John Bunyan que si on le piquait, on découvrirait un sang imbibé. Il était tellement rempli des Écritures que celles-ci jaillissaient de lui. C'est ce que nous voulons. Et c'est pourquoi nous conservons la Parole dans nos cœurs.

Puis nous la mettons en pratique. Jésus a-t-il dit : « Si vous m'aimez, vous ressentirez un léger frisson dans votre cœur » ? Non, il n'a pas dit ça, même si c'est merveilleux. Par contre, il a dit : « Si vous m'aimez, *vous suivrez mes commandements* » (Jean 14 : 15 – BDS). Donc, si nous nous préoccupons d'aimer Dieu, nous devons très sérieusement nous préoccuper de lui obéir et d'obéir à sa Parole. C'est l'objectif : que nous soyons transformés par elle, que nous l'accueillions avec foi, et que nous adorions Dieu, à genoux devant lui.

Très clairement, nous devrions en fait nous approcher de la Parole de Dieu avec la même attitude que si nous nous approchions de Dieu lui-même. Si Dieu nous parlait, et c'est ce qu'il fait dans les Écritures, si Dieu ouvrait sa bouche pour nous parler, comment aborderions-nous ses paroles ? Et bien je pense que nous les écouterions attentivement. Nous écouterions consciencieusement. Nous écouterions dans un esprit de soumission. Nous écouterions le cœur rempli d'espérance. Et nous écouterions avec l'intention d'aimer et d'obéir.

Prière

Toi qui nous as donné la Parole, aide-nous à chérir tes Écritures, à en faire notre bien le plus précieux. Qu'elles soient dans notre esprit et sur nos lèvres. Qu'elles bouleversent notre manière de penser et transforment notre manière de vivre. Fais de nous des étudiants attentifs et des serviteurs dévoués de ta parfaite Parole. Amen.

Question 43

Qu'appelle-t-on ordonnances ou sacrements?

Les ordonnances, ou sacrements, donnés par Dieu et institués par Christ, à savoir le baptême et le repas du Seigneur, sont les signes et sceaux visibles de notre appartenance à une communauté de foi, grâce à la mort et à la résurrection de Christ. Lorsque nous les recevons, le Saint-Esprit proclame et confirme plus pleinement les promesses que nous fait l'Évangile.

📖 ROMAINS 6:4

Par le baptême en sa mort nous avons donc été ensevelis avec lui afin que, comme Christ est ressuscité par la gloire du Père, de même nous aussi nous menions une vie nouvelle.

📖 LUC 22:19-20

Ensuite il prit du pain et, après avoir remercié Dieu, il le rompit et le leur donna en disant: «Ceci est mon corps qui est donné pour vous. Faites ceci en souvenir de moi.» Après le souper il prit de même la coupe et la leur donna en disant: «Cette coupe est la nouvelle alliance en mon sang qui est versé pour vous.»

💬 Commentaire

CHARLES SIMEON (1759 – 1836)

Voici ce que j'affirme à propos du baptême et du repas du Seigneur : « S'ils sont utilisés convenablement et dans le cadre qui leur a été désigné, on ne peut jamais leur accorder trop d'importance. Cependant, lorsqu'ils sont mal utilisés, pour des fins auxquelles ils n'étaient pas destinés, s'ils sont perçus comme contenant en eux-mêmes et transmettant par eux-mêmes un salut aux hommes, ils ont été profanés. » [...] Apprenons donc comment utiliser les ordonnances de Dieu. Nous devrions être reconnaissants de les avoir ; nous devrions les honorer ; nous devrions, par elles, regarder à Dieu, et nous attendre à ce qu'au travers d'elles, Dieu nous communique sa grâce et sa paix. Elles devraient susciter notre plus grand respect, pas notre adoration. Nous devons les utiliser comme des moyens, mais non nous y reposer comme des fins en elles-mêmes. La simple participation à ces ordonnances ne rend personne meilleur que les autres.[52]

TIMOTHY KELLER

Il existe deux ordonnances, ou sacrements. Il y a le baptême, qui n'a lieu qu'une fois dans notre vie. Et il y a le repas du Seigneur, ou la Cène, qui a lieu régulièrement et continuellement. Ces signes sont des ordonnances parce que Jésus-Christ nous a ordonné de les pratiquer. Mais nous les appelons aussi des sacrements parce que la bénédiction et la grâce de Dieu viennent sur nous de manière unique à travers eux. Ce ne sont pas juste des expériences personnelles et individuelles. Nous sommes membres d'une communauté, et le baptême et le repas du Seigneur montrent que nous faisons partie de cette communauté, la communauté de l'alliance, le peuple qui appartient à Jésus. Et c'est pourquoi les ordonnances deviennent de fait une ligne de démarcation. La Confession de Westminster dit qu'elles « établissent une distinction visible entre ceux qui font partie de l'Église et le reste des hommes[53] ».

Ce sont à la fois des signes et des sceaux. On les appelle signes car ils symbolisent les bénédictions du salut, le pardon des péchés, l'accueil du Saint-Esprit et la capacité à communier avec Jésus-Christ en sa présence. Mais ce ne sont pas seulement des signes ; ce sont aussi des sceaux. Cela veut dire qu'ils apportent réellement ces bénédictions sur nous. Ils nous donnent de l'assurance et suscitent notre foi, et c'est notre foi qui reçoit ces bénédictions.

Certains textes de la Bible tels que 1 Corinthiens 10 ou 1 Pierre 3 semblent indiquer que ce sont en fait les sacrements qui reçoivent les bénédictions du salut. Mais les sacrements suscitent notre foi, et notre foi est en réalité ce qui reçoit les bénédictions et ce qui nous sauve. C'est pourquoi J. I. Packer l'a formulé ainsi : « Alors que la prédication de la Parole rend l'Évangile audible, les sacrements le rendent visible, et Dieu suscite la foi par ces deux moyens[54]. » Les sacrements sont donc un moyen de grâce, selon le principe qui dit que voir mène à croire.

Prière

Toi qui nous as offert l'Évangile, tu nous as donné des signes de ta grâce que nous pouvons voir, sentir et goûter. Aide-nous à les observer selon tes commandements. Qu'ils détournent notre regard de nous-même et nous aident à fixer nos yeux sur ton œuvre rédemptrice. Garde-nous de trop mettre en avant les signes eux-mêmes de peur qu'ils ne nous détournent du Sauveur vers qui ils sont censés diriger nos regards. Amen.

Question 44

Qu'est-ce que le baptême ?

Être baptisé, c'est être lavé dans l'eau au nom du Père, du Fils et du Saint-Esprit ; le baptême signifie et scelle notre adoption en Christ, notre purification du péché et notre engagement à appartenir au Seigneur et à son Église.

📖 MATTHIEU 28:19

Allez donc, faites de toutes les nations des disciples, baptisez-les au nom du Père, du Fils et du Saint-Esprit.

🗨 Commentaire

C. S. LEWIS (1898 – 1963)

Le groupe que le chrétien est appelé à rejoindre lors du baptême n'est pas un collectif, mais un corps. Sur un plan naturel, la famille est une image de ce corps. Si quelqu'un approchait la chose avec l'idée erronée selon laquelle être membre de l'Église c'est en être membre au sens moderne et dévalué du terme — c'est faire partie d'une collection de personnes, comme on collectionne des pièces de monnaie ou des jetons — il serait immédiatement corrigé, car dès son arrivée il découvrirait que la tête de ce corps est très différente des membres de moindre importance au point qu'ils ne partagent aucun attribut avec lui, si ce n'est par analogie. Dès le départ, nous sommes appelés, de manière pressante, à nous unir en tant que créatures avec notre Créateur, en tant que mortels avec l'immortel, en tant que pécheurs rachetés avec le Rédempteur sans péché. Sa présence, et l'interaction entre lui et nous, doit toujours être, et cela de manière évidente, le facteur dominant dans la vie que nous devons mener au sein du corps. Toute perception de la communion fraternelle chrétienne comme autre chose que principalement une communion avec lui est inconcevable.[55]

COLLIN HANSEN

Quand j'ai dit à mon pasteur que je voulais devenir membre de l'Église, il m'a expliqué très simplement pourquoi je devais me faire baptiser: c'est parce que Jésus l'a fait. Mais pourquoi Jésus est-il entré dans le Jourdain et a-t-il demandé à son cousin Jean de l'immerger dans les eaux de la rivière? Après tout, il n'avait aucun péché à confesser, aucun besoin de se repentir.

J'ai toujours compati à la réponse perplexe de Jean face à la demande de Jésus. «C'est moi qui ai besoin d'être baptisé par toi», a dit Jean, qui préparait le chemin pour le Christ, «et c'est toi qui viens vers moi?» (Matthieu 3:14).

Oui, a répondu Jésus, «car il est convenable que nous accomplissions ainsi tout ce qui est juste» (Matthieu 3:15).

Par son baptême, Jésus s'est identifié à nous tous qui, un jour, à cause du péché, allons mourir en conséquence du jugement de Dieu. L'eau est un signe du jugement de Dieu depuis Genèse 6 et 7, quand Dieu a jugé la méchanceté de l'homme et a envoyé le déluge dévaster toute la terre, n'épargnant que Noé et sa famille. Bien qu'il n'ait jamais péché, Jésus est toutefois mort de la main d'hommes pécheurs, prenant sur lui la colère de Dieu pour un monde pécheur.

Bien sûr, l'eau est aussi essentielle à la vie. Avant que la lumière n'existe, l'Esprit de Dieu planait au-dessus des eaux (Genèse 1:2). Et, un jour, quand Jésus, ressuscité et élevé, reviendra pour inaugurer les nouveaux cieux et la nouvelle terre, un fleuve de vie coulera du trône de Dieu et de l'Agneau jusque dans la nouvelle Jérusalem

(Apocalypse 22 : 1-2). Quiconque le suit et entre dans ces flots en tant qu'ennemi de Dieu en sortira en tant que frère ou sœur du Fils de Dieu, cohéritier de son héritage éternel.

Le baptême est un signe et un sceau certifiant que nous avons été adoptés dans la famille de Dieu. Le Père, le Fils et le Saint-Esprit s'aiment dans une union parfaite depuis bien avant la création du monde, avant que Dieu ne façonne Adam à partir de la poussière de la terre. Au baptême de Jésus, les trois personnes sont présentes. Alors que Jésus sort de l'eau, l'Esprit de Dieu descend sous la forme d'une colombe et se pose sur lui (Matthieu 3 : 16). Et pour que personne ne se méprenne sur la signification de cet événement, le Père, depuis le ciel, déclare avec fierté : « Celui-ci est mon Fils bien-aimé, celui qui fait toute ma joie » (Matthieu 3 : 17 – BDS).

Chaque fois que je me souviens de mon baptême, j'entends ces paroles de bénédiction. Jésus a été précipité dans les eaux du jugement, afin que je puisse boire l'eau de la vie éternelle. Et parce que Jésus m'appelle son frère, je peux appeler Dieu mon Père. Parce que l'Esprit est descendu sur lui sous la forme d'une colombe, je suis en paix avec Dieu, qui me considérait autrefois comme son ennemi.

Autrefois, je ne faisais pas partie du peuple de Dieu ; à cause de mon péché, j'étais exclu de cette famille. Mais, à présent, je suis le frère de tous ceux qui, comme moi, ont été baptisés au nom du Père, du Fils et du Saint-Esprit. L'Église est notre maison. C'est l'endroit où, malgré nos désaccords et nos conflits, nous nous rassemblons pour déclarer que nous n'avons qu'un seul Seigneur et qu'une seule foi (Éphésiens 4 : 5). Dieu nous a confié le mandat missionnaire, auquel nous devons obéir en suivant les traces de Jean et en appelant les hommes et les femmes à la repentance, les orientant vers Jésus, l'Agneau de Dieu qui enlève le péché du monde (Jean 1 : 29). Nous baptisons afin qu'ils n'oublient jamais que Dieu les aime et qu'ils font toute sa joie, car ils appartiennent désormais au Christ.

✋ Prière

Dieu qui nous lave, nous ne pouvons purifier nous-même notre cœur, et nous devons venir à toi pour être lavés de nos péchés. Merci pour les eaux du baptême, qui ne nous sauvent pas, mais illustrent notre salut et nous unissent en un seul peuple, celui de tes filles et fils adoptifs. Amen.

Question 45

Le baptême d'eau purifie-t-il par lui-même du péché?

Non. Seul le sang de Christ et l'action régénératrice du Saint-Esprit peuvent nous purifier du péché.

📖 LUC 3:16

Alors il leur dit: « Moi, je vous baptise d'eau; mais il vient, celui qui est plus puissant que moi, et je ne suis pas digne de détacher la courroie de ses sandales. Lui, il vous baptisera du Saint-Esprit et de feu. »

💬 Commentaire

JEAN CALVIN (1509 – 1564)

« Il vous baptisera du Saint-Esprit et de feu » (Matthieu 3:11).

On pose ici une question: pourquoi Jean n'a-t-il pas aussitôt dit que Christ est celui seul qui lave les âmes par son sang? Je réponds que puisque ce lavage même se fait par la vertu du Saint-Esprit, il s'est contenté d'exprimer tout l'effet du baptême par ce seul mot de Saint-Esprit. Le sens en est bien clair: Christ est celui seul qui confère toutes les grâces qui sont figurées par le baptême extérieur.

Car c'est lui qui arrose nos consciences de son sang, c'est aussi lui-même qui mortifie notre vieil homme, et nous donne l'Esprit de régénération.

Le mot « feu » est ajouté comme épithète ; car il est appliqué au Saint-Esprit, parce qu'il nettoie nos souillures, ainsi que le feu purifie l'or ; comme en d'autres passages il est nommé eau, par métaphore.[56]

R. KENT HUGHES

Le texte classique de la célébration et de l'annonce du baptême des croyants en Christ est 1 Corinthiens 12:13 : « En effet, que nous soyons juifs ou grecs, esclaves ou libres, nous avons tous été baptisés dans un seul Esprit pour former un seul corps et nous avons tous bu à un seul Esprit. » Ce verset parle de l'Esprit qui nous introduit dans le corps de Christ, et cela m'est arrivé quand j'avais à peine douze ans. Je n'avais jamais entendu parler du baptême du Saint-Esprit, mais j'ai réellement été baptisé par le Saint-Esprit. Et maintenant, alors que les années ont passé, ce qui était un fait objectif est devenu une réalité subjective de ma vie.

Lorsque j'ai été baptisé par le Saint-Esprit, j'ai été régénéré, je suis né de nouveau. Je suis né de l'Esprit, comme le dit Jean 3. Quelle belle image ! La métaphore de la nouvelle naissance décrit une obstétrique divine : j'ai été arraché des ténèbres et amené à la lumière. C'est alors que j'ai commencé à voir.

Au moment même où j'étais régénéré, le Saint-Esprit est venu habiter en moi. Dans Jean 14, Jésus dit que l'Esprit « reste avec vous » et « sera en vous » (v. 17). J'ai perdu mon père quand j'étais encore petit garçon, et j'ai eu l'impression d'être seul dans ce monde. Quand j'ai été habité par l'Esprit, le sentiment d'avoir un père, d'être adopté, a envahi mon âme. Je ne savais pas encore que j'avais été marqué ou scellé par le Saint-Esprit, comme le dit Éphésiens 1:13-14 : « En lui vous aussi, après avoir entendu la parole de la vérité, l'Évangile qui vous sauve, en lui vous avez cru et vous avez été marqués de l'empreinte du Saint-Esprit qui avait été promis. Il est le gage de notre héritage en attendant la libération de ceux que Dieu s'est acquis pour célébrer sa gloire ». Lorsque j'ai été baptisé par le Saint-Esprit, il m'a marqué de son sceau pour toute l'éternité, et cela m'a donné un sentiment de protection et de réalité. Lorsque j'ai été baptisé dans l'Esprit, quelqu'un a prié pour moi. Romains 8:26 dit: «De même l'Esprit aussi nous vient en aide dans notre faiblesse. En effet, nous ne savons pas ce qu'il convient de demander dans nos prières ». Le Saint-Esprit prie par des soupirs que les mots ne peuvent exprimer, car il connaît nos cœurs (Romains 8:26).

Puis, en même temps, mes yeux se sont ouverts. Je me souviens que pendant un camp, lorsque j'étais petit garçon, j'étais retourné à mon chalet, j'avais sorti ma Bible et y avais souligné des passages, et la Parole avait pris vie en moi. Et elle a continué à s'animer ainsi tout au long de ma vie. Quand Jean le Baptiste a affirmé avec insistance, «Moi, je vous baptise d'eau; mais [le Christ] vous baptisera du Saint-Esprit et de feu» (Luc 3:16), il parlait de la supériorité du baptême de Jésus. L'eau ne peut laver que l'extérieur, mais l'Esprit et le feu régénèrent et purifient l'intérieur. C'est donc cela, l'immense et immuable réalité, l'immense et immuable joie d'être baptisé de l'Esprit et de feu. Le Saint-Esprit renouvelle toutes choses et nous rend conformes constamment à l'image du Christ.

🖐 Prière

Agneau de Dieu, notre baptême est le signe que nous sommes sauvés non par notre propre justice, mais parce que nous avons reçu la justice de Jésus-Christ. Garde-nous de placer notre confiance dans notre baptême. Aide-nous à plutôt tourner nos yeux vers l'œuvre purificatrice de Jésus, merveilleusement symbolisée par le baptême. Amen.

Question 46

Qu'est-ce que
le repas du Seigneur?

Christ a ordonné à tous les chrétiens de manger du pain et de boire de la coupe afin de se souvenir, avec reconnaissance, de lui et de sa mort. Le repas du Seigneur est une célébration de la présence de Dieu au milieu de nous; elle nous introduit dans une communion avec Dieu et les uns avec les autres; elle nourrit et satisfait nos âmes. C'est aussi une manière d'anticiper le jour où nous mangerons et boirons avec Christ dans le royaume de son Père.

📖 1 CORINTHIENS 11:23-26

En effet, j'ai reçu du Seigneur ce que je vous ai transmis. Le Seigneur Jésus, la nuit où il a été arrêté, a pris du pain. Après avoir remercié Dieu, il l'a rompu et a dit: «Ceci est mon corps qui est pour vous. Faites ceci en souvenir de moi.» De même, après le repas, il a pris la coupe et a dit: «Cette coupe est la nouvelle alliance en mon sang. Faites ceci en souvenir de moi toutes les fois que vous en boirez.» En effet, toutes les fois que vous mangez ce pain et que vous buvez cette coupe, vous annoncez la mort du Seigneur jusqu'à ce qu'il vienne.

🗩 Commentaire

RICHARD BAXTER (1615 – 1691)

Quels profonds mystères et quels trésors de miséricorde nous sont présentés dans un sacrement ! C'est là que nous trouvons la communion avec un Dieu réconcilié et sommes amenés dans sa présence par le grand réconciliateur. C'est là que nous trouvons la communion avec notre saint Rédempteur, crucifié et glorifié, et offert à nous comme le Chef qui nous donne la vie, nous protège, nous fortifie. C'est là que nous trouvons la communion avec le Saint-Esprit qui applique à nos âmes les bénéfices de la rédemption, et qui nous attire vers le Fils : il nous transmet la lumière, la vie et la force du fils, il met en œuvre et fait grandir ses grâces en nous. C'est là que nous trouvons la communion avec le corps du Christ, son peuple sanctifié, les héritiers de la vie. Lorsque le ministre du Christ, de par la charge qui lui a été confiée, représente un Christ crucifié à nos yeux, par le pain et le vin désignés pour cela, nous voyons le Christ crucifié comme s'il se trouvait devant nous. Notre foi le saisit alors, et nous appréhendons la réalité du remède et nos âmes sont affermies sur ce rocher. Lorsque ce même ministre, par la charge que le Christ lui a confiée, nous offre son corps, et son sang, et les bénéfices qui y sont rattachés, nous en sommes aussi sûrs et convaincus que si le Christ lui-même les avait offerts par sa bouche. Et, lorsque nos âmes le reçoivent, par la foi suscitée en nous par le Saint-Esprit, la participation est aussi réelle que si nous recevions le pain et le vin qui le représentent de ses propres mains.[57]

LIGON DUNCAN

La Cène, ou repas du Seigneur, est le symbole et le sceau posé sur l'alliance. Cela signifie qu'en même temps elle représente et elle nous confirme la précieuse promesse de Dieu selon laquelle, à travers Jésus-Christ, il est notre Dieu et nous sommes son peuple. Le repas du Seigneur est à la fois un temps de souvenir, une célébration de la présence de Dieu et une expérience de communion. C'est aussi un temps pendant lequel nous sommes nourris et à travers duquel nous anticipons la gloire à venir.

Premièrement, le repas du Seigneur est un temps de souvenir. Jésus a expliqué à ses disciples que chaque fois qu'ils partageront ce repas entre eux, ils proclameront sa mort et ce, jusqu'à son retour. Le pain et le vin, le corps et le sang du Christ dans le repas du Seigneur, représentent le sacrifice qui scelle l'alliance. Les deux éléments indiquent que la mort de Jésus était un acte délibéré de sa part. Il s'est donné lui-même comme sacrifice à notre place pour le pardon de nos péchés. Donc à chaque fois que nous célébrons le repas du Seigneur, nous devons nous rappeler le sens profond de la mort de Jésus-Christ pour nous. Nous devons nous souvenir de lui. «Faites ceci en souvenir de moi» (Luc 22:19). Nous célébrons la glorieuse œuvre de rédemption que Jésus a accomplie pour nous.

Deuxièmement, le repas du Seigneur est également une célébration de la présence de Dieu. N'est-ce pas merveilleux d'avoir été invité à venir s'asseoir à la table de Dieu? Cela est particulièrement extraordinaire si on voit cela à la lumière de notre rébellion. En Genèse 3, Satan a soufflé à Adam et Ève: «Prenez et mangez de ce fruit.» Désobéissant à l'ordre de Dieu, ils ont mangé du fruit. Quel en a été le résultat? Se sont-ils sentis satisfaits et comblés? Non. Le résultat, c'est qu'ils ont été chassés loin de la présence de Dieu. Mais lorsque nous nous trouvons autour de la table du Seigneur, il nous invite lui-même à revenir dans sa présence. Quand Jésus dit à ses disciples «Prenez et mangez», il renverse les paroles du serpent dans le jardin. Derek Kidner décrit merveilleusement la situation en ces termes: «Dieu devra traverser la pauvreté et la mort avant que 'prenez et mangez' ne deviennent des verbes de salut[58].» Nous en faisons l'expérience chaque fois que nous prenons place à la table du Seigneur, chaque fois que nous entendons ces paroles: «Approchez-vous tous, venez et mangez.» C'est une célébration de nos retrouvailles avec Dieu et de sa présence à nos côtés. Nous nous réjouissons de le savoir tout près de nous.

Troisièmement, le repas du Seigneur est une communion. C'est la communion avec Dieu et avec son peuple. Nous ne communions pas seulement avec le Dieu vivant au travers de ce que Jésus a fait pour nous à la croix, mais nous sommes en communion les uns avec les autres. Quand nous sommes unis au Seigneur Jésus-Christ, nous sommes unis à tous ceux qui sont unis au Seigneur Jésus-Christ. C'est pourquoi, Paul dit aux Corinthiens : « Vous devez discerner le corps » (1 Corinthiens 11 : 29). Il ne leur dit pas qu'ils doivent comprendre quelque chose de mystique concernant les éléments de la Cène. De quel corps parle-t-il ? Du corps de Christ, de l'Église, de la communauté des croyants.

Et enfin, le repas du Seigneur est une nourriture spirituelle. C'est un moyen de grâce. C'est un des instruments que Dieu a choisi pour nous fortifier et nous nourrir, et par lequel il confirme notre foi et nous fait grandir. Le repas du Seigneur est aussi un temps d'anticipation de la gloire à venir. Jésus a lavé les pieds de ses disciples la nuit où il a été trahi et il leur a servi les éléments de la Cène. Eh bien, lorsque Jésus évoque les noces de l'Agneau (Luc 12 :37), dans la gloire, alors que la fin des temps est arrivée et que tous ont reconnu sa royauté, ce jour-là, il nous invitera à nous asseoir, comme il l'a fait avec ses disciples, le soir du dernier repas, et il se ceindra pour nous servir.

Oui, lorsque nous prenons le repas du Seigneur, nous anticipons les noces de l'Agneau où nous serons tous ensemble dans la gloire et où notre Sauveur nous servira encore une fois tout ce dont nous avons besoin. Quelle joie de pouvoir venir à la table du Seigneur.

Prière

Pain de vie, nous prenons le repas du Seigneur par obéissance respectueuse. Nous ne voulons pas le prendre indignement, alors nous nous approchons dans la repentance et avec foi. Aide-nous à pardonner à ceux qui ont péché contre nous, surtout aux croyants avec lesquels nous partageons le pain et la coupe. Que ce repas auquel nous participons proclame ta mort salvatrice et notre immense besoin de ton salut. Amen.

Question 47

Le repas du Seigneur ajoute-t-il quelque chose à l'œuvre expiatoire de Christ?

Non. Christ est mort une fois pour toutes. Le repas du Seigneur est un repas d'alliance qui célèbre l'œuvre expiatoire de Christ. Elle est aussi un moyen de fortifier notre foi alors que nous tournons nos yeux vers lui, ainsi qu'un avant-goût de la fête à venir. Mais ceux qui prennent ce repas avec des cœurs impénitents mangent et boivent un jugement contre eux-mêmes.

📖 1 PIERRE 3 : 18

Christ aussi a souffert, et ce une fois pour toutes, pour les péchés. Lui le juste, il a souffert pour des injustes afin de vous conduire à Dieu …

🗨 Commentaire

J. C. RYLE (1816 – 1900)

Que cela soit bien clair dans notre esprit : le repas du Seigneur ne fut pas donné comme moyen de justification ou de conversion. Il n'a jamais été destiné à apporter une grâce là où la grâce n'était pas encore présente, ou à accorder le pardon à celui qui n'en bénéficiait pas déjà. Il ne peut en aucun cas pallier le manque dû à l'absence de repentance vis-à-vis de Dieu et de foi dans le Seigneur Jésus-Christ. C'est une ordonnance pour celui qui se repent, pas pour l'impénitent, pour celui qui croit, pas pour le non-croyant, pour celui qui s'est converti, pas pour l'inconverti. L'homme inconverti qui pense avoir trouvé un raccourci vers le paradis en prenant part au sacrement, sans fouler les vieilles marches de la repentance et de la foi, découvrira un jour à ses dépens qu'il s'est totalement mépris. Le repas du Seigneur a été instauré pour accroître et assister la grâce que possède un homme, non pas pour conférer une grâce qu'il ne possède pas. Sa finalité n'a certainement jamais été de nous réconcilier avec Dieu, de justifier, ou de convertir.

La manière la plus simple de décrire la faveur que peut s'attendre à recevoir celui qui prend part au repas du Seigneur avec un cœur sincère serait de dire : son âme sera affermie et rafraîchie. Il aura une vision plus claire du Christ et de son expiation, une vision plus claire des fonctions remplies par le Christ en tant que notre médiateur et notre avocat, une vision plus claire de la complète rédemption que le Christ a obtenue pour nous en mourant à la croix à notre place, une vision plus claire de notre acceptation parfaite et totale en Christ devant Dieu. Mais aussi de nouvelles motivations vers une repentance sincère face à son péché, de nouvelles motivations pour une foi vibrante, de nouvelles motivations pour vivre une vie sainte, consacrée, à l'image du Christ. Voici quelques-unes des principales retombées auxquelles un croyant peut assurément s'attendre lorsqu'il participe au repas du Seigneur. Celui qui mange le pain et boit le vin avec un esprit bien disposé se trouvera attiré dans une communion plus intime avec le Christ, et aspirera à le connaître davantage, et à mieux le comprendre.

En mangeant ce pain et en buvant cette coupe, un tel homme verra sa repentance s'approfondir, sa foi grandir, sa connaissance s'étendre, sa discipline de marche dans la sainteté s'affermir. Il se rendra davantage compte de la « présence réelle » du Christ en son cœur. En mangeant ce pain par la foi, il se sentira plus intimement en communion avec le corps du Christ. En buvant ce vin par la foi, il se sentira plus intimement en communion avec le sang du Christ. Il verra plus clairement ce qu'est le Christ pour lui, et ce qu'il est pour le Christ. Il comprendra plus en profondeur ce que signifie être « un avec le Christ, et le Christ un avec lui. » Il sentira que les racines de la vie spirituelle de son âme ont été arrosées, et que l'œuvre de la grâce dans son cœur s'est fermement établie, nourrie, et multipliée. Toutes ces choses peuvent sembler folie à l'homme naturel, mais pour un chrétien véritable, ces choses sont lumière, force, vie et paix.[59]

ÉTIENNE LHERMENAULT

Saisi par une fièvre commémorative tenace depuis une trentaine d'années, notre monde ne cesse de chercher des raisons d'espérer ou au moins de ne pas reproduire les erreurs du passé dans ces grand-messes publiques. Cette frénésie a au moins une vertu, elle peut aider le croyant à comprendre le rapport entre la Cène et l'événement qu'elle célèbre.

Précisons d'abord que le partage du pain et du vin est bien de l'ordre de la commémoration : « Faites ceci en mémoire de moi », a ordonné le Seigneur à ses disciples (1 Corinthiens 11:24-25). Or, une commémoration – pensez par exemple aux festivités du 70e anniversaire du débarquement en Normandie – n'ajoute rien à l'événement célébré, ni à ses conséquences historiques. C'est exactement ce que dit Pierre : « Le Christ lui-même a souffert la mort pour les péchés, une fois pour toutes. » (1 Pierre 3:18) La Cène n'est donc pas une répétition ou même plus subtilement une actualisation efficace du sacrifice de Christ comme le conçoit le catholicisme avec la messe. Les éléments restent des symboles et ne subissent aucune transformation, de même que celui qui les ingère n'est pas transformé ou sanctifié par eux. C'est ce que précise Jésus à ses auditeurs quand il les invite à manger sa chair et à boire son sang : « Les paroles que je vous ai dites sont Esprit et vie » (Jean 6:53-58, 63).

Bien que la Cène n'ajoute rien à l'œuvre expiatoire de Christ et ne transforme pas celui qui y prend part, elle n'est pas qu'un simple souvenir d'un acte du passé. Parce que le Christ est ressuscité et que son Esprit est à l'œuvre aujourd'hui, elle manifeste de façon concrète une dimension bien réelle du présent, la communion avec Jésus, le Christ, qui s'est offert pour notre salut, et la communion les uns avec les autres, nous qui sommes au bénéfice du même sacrifice et appartenons au même Sauveur. En buvant tous à la même coupe et en partageant le même pain, nous montrons que nous formons un seul corps (1 Corinthiens 10:17).

La Cène est donc une excellente occasion de faire le point sur la réalité de notre relation avec Christ et avec les autres, de « s'examiner soi-même » comme nous y invite Paul (1 Corinthiens 11:28). S'il arrivait que nous nous soyons éloignés du Seigneur ou que nous ayons quelque différend avec un frère ou une sœur, ce rendez-vous communautaire est une invitation solennelle à rentrer en nous-mêmes, à faire le point et à nous engager sur la voie de la repentance, du pardon et de la réconciliation. Et si nous n'y étions pas prêts, il vaudrait mieux nous abstenir de peur d'être jugés (1 Corinthiens 11:29).

La Cène, en célébrant l'événement le plus important de toute l'histoire de l'humanité, est enfin une commémoration d'un genre particulier en ce qu'elle tourne nos regards vers l'avenir, un avenir fait d'espérance : « Toutes les fois que vous mangez ce pain et que vous buvez cette coupe, vous annoncez la mort du Seigneur jusqu'à ce qu'il vienne » (1 Corinthiens 11:26). En prenant le pain et le vin, nous commémorons certes la mort de celui qui nous a aimés, mais aussi la glorieuse espérance de son retour, et donc sa victoire sur la mort par la résurrection !

La Cène n'ajoute rien à l'œuvre expiatoire de Christ, mais elle fortifie notre foi en nous aidant à relever la tête : les combats et les luttes, le deuil et les larmes ne dureront pas toujours. Celui qui nous a sauvés y mettra fin en venant bientôt nous chercher !

👏 Prière

Seigneur, toi qui as conquis la mort, nous célébrons ton œuvre achevée en participant à ton repas. Que ce que nous mangeons soit une confession de foi, sachant que malgré notre indignité, nous avons été mis au bénéfice de la dignité de Christ. Apprends-nous à nous approcher de ta table avec un cœur repentant, mettant de côté notre orgueil et notre autosuffisance pour jouir de la grâce que tu nous offres. Amen.

Question 48

Qu'est-ce que l'Église?

Dieu choisit et se réserve pour lui-même une communauté élue pour la vie éternelle et unie par la foi; une communauté qui aime Dieu, qui le suit, qui écoute son enseignement et qui l'adore. Dieu envoie cette communauté dans le monde afin qu'elle y proclame l'Évangile et qu'elle y préfigure le royaume de Christ par la qualité de sa vie communautaire et par l'amour qui unit ses membres.

📖 2 THESSALONICIENS 2:13

Quant à nous, frères et sœurs bien-aimés du Seigneur, nous devons constamment dire à Dieu toute notre reconnaissance à votre sujet, parce que Dieu vous a choisis dès le commencement pour le salut par la sainteté que procure l'Esprit et par la foi en la vérité.

💬 Commentaire

CHARLES HADDON SPURGEON (1834 – 1892)

Mes frères, qu'il me soit permis de dire que vous devez être comme le Christ à chaque instant. Imitez-le lorsque vous êtes en public. La plupart d'entre nous vivons une certaine portion de nos vies en public; nous sommes nombreux à travailler chaque jour avec nos semblables. On nous regarde, on nous écoute, on scrute nos vies, on les analyse. Le monde observe tout ce que nous faisons, avec les yeux de l'aigle et des yeux d'espions, avec un regard critique. Vivons la vie du Christ publiquement. Veillons à ce que ce soit bien notre Maître qui soit mis en avant, pas nous-mêmes, afin que nous puissions dire « ce n'est plus moi qui vis, mais Christ qui vit en moi ». Veillez à vivre également ainsi au sein de l'Église. [...] Soyez comme le Christ dans l'Église. Combien d'entre vous [...] recherchent à être supérieurs aux autres ? Combien cherchent à recevoir l'honneur ou à exercer un pouvoir sur les autres chrétiens, au lieu de se souvenir que l'égalité entre tous les hommes est la règle fondamentale de toutes nos Églises, que tous sont frères et que tous doivent être également reçus en tant que tels ? Dans vos Églises, faites donc en sorte d'avoir l'esprit du Christ, où que vous soyez. Ainsi, les autres membres de l'Église diront de vous : « Il a été avec Jésus ».[60]

JOHN YATES

L'Église est la famille de Dieu. Dans le Nouveau Testament, elle est appelée la communauté de la nouvelle alliance. C'est le corps dont Christ est la tête. C'est l'épouse de Christ. Nous sommes appelés un peuple saint, une nation sainte, une communauté de rois-prêtres. L'Église est constituée de tous ceux qui sont devenus des enfants de Dieu, tous ceux qui ont été adoptés par Dieu à travers Jésus-Christ. L'Église est constituée de gens de toutes cultures, de toutes ethnies, à travers tous les âges, de tous ceux qui ont reconnu Jésus-Christ comme leur Seigneur.

Dans l'Église dont je fais partie, l'Église anglicane, nous avons une confession de foi intitulée les Trente-neuf articles. Elle décrit l'Église ainsi :

L'Église visible du Christ est une congrégation d'hommes et de femmes fidèles, au sein de laquelle la pure Parole de Dieu est prêchée et les sacrements dûment administrés selon l'ordre de Christ [...]
L'Église n'a aucune autorité si ce n'est dans la soumission à Christ. L'Église ne peut ordonner quoi que ce soit qui serait

contraire à la parole écrite de Dieu. Elle ne peut pas non plus interpréter un texte des Écritures de manière à contredire un autre texte des Écritures. [61]

Les anciens credo décrivent l'Église comme étant «une, sainte, catholique et apostolique». L'Église est une car elle est un seul corps dirigé par une seule tête. Elle est sainte car le Saint-Esprit l'habite et la consacre, dirigeant les membres de l'Église dans l'œuvre de Dieu. Elle est catholique, c'est-à-dire universelle, proclamant, jusqu'à la fin des temps, la foi apostolique au monde entier. Et elle est apostolique. Cela veut dire que nous continuons de transmettre l'enseignement et la communion des apôtres, et que nous sommes envoyés en mission pour Christ dans le monde entier.

Nous ne choisissons pas qui sera membre de l'Église, tout comme nous ne choisissons pas nos frères, nos sœurs ou nos cousins. C'est Dieu qui choisit. Quels que soient la dénomination ou le groupe auxquels ils appartiennent, les enfants de Dieu font partie de l'Église et sont nos frères et nos sœurs.

La nature de l'Église est résumée dans cette hymne ancienne et magnifique de Samuel J. Stone :

Le seul fondement de l'Église,
c'est Jésus-Christ son Seigneur.
Elle est sa nouvelle création,
par l'eau, par la parole.
Il est descendu du ciel pour la chercher
et en faire sa sainte épouse.
Par son propre sang il l'a rachetée,
pour sa vie il mourut.
Élus de toutes nations, unis sur toute la terre.
Sa charte du salut, un Seigneur,
une foi, une naissance.
Elle bénit le seul saint nom,
et se nourrit d'une seule sainte nourriture,
Vers une seule espérance elle avance,
constamment revêtue de toutes grâces. [62]

👏 Prière

Roi de tout l'univers, tu nous as réunis au sein de la grande famille de Dieu. Rends-nous fidèles pour te louer tous ensemble, pour nous aimer les uns les autres et pour répondre aux besoins de chacun. Que notre communion soit sincère et véritable. Aide-nous à nous encourager les uns les autres dans la foi. Amen.

Question 49

Où se trouve Christ maintenant?

Le troisième jour après sa mort, Christ est corporellement ressuscité de la tombe et il est maintenant assis à la droite du Père; il règne sur son royaume et intercède pour nous jusqu'à ce qu'il revienne pour juger et renouveler le monde entier.

📖 ÉPHÉSIENS 1:20-21

Cette puissance, il l'a déployée en Christ quand il l'a ressuscité et l'a fait asseoir à sa droite dans les lieux célestes, au-dessus de toute domination, de toute autorité, de toute puissance, de toute souveraineté et de tout nom qui peut être nommé, non seulement dans le monde présent, mais encore dans le monde à venir.

🗨 Commentaire

EDMOND LOUIS BUDRY (1854 – 1932)

1.   À toi la gloire, Ô Ressuscité!
     À toi la victoire pour l'éternité!
     Brillant de lumière, l'ange est descendu,
     Il roule la pierre du tombeau vaincu.

Refrain
À toi la gloire, ô Ressuscité !
À toi la victoire pour l'éternité !

2. Vois-le paraître : c'est lui, c'est Jésus,
Ton sauveur, ton maître ! Oh ! Ne doute plus !
Sois dans l'allégresse, peuple du Seigneur,
Et redis sans cesse que Christ est vainqueur.

3. Craindrais-je encore ? Il vit à jamais,
Celui que j'adore, le Prince de paix ;
Il est ma victoire, mon puissant soutien,
Ma vie et ma gloire : non, je ne crains rien.

PIERRE CONSTANT

Ressuscité d'entre les morts, Jésus est maintenant assis à la droite du Père, il règne en Seigneur, il nous prépare une place, il intercède pour nous auprès du Père, et il revient bientôt pour juger les vivants et les morts.

En préparant ses disciples à son départ, Jésus leur a annoncé qu'il était avantageux pour eux qu'il retourne vers le Père. Sa résurrection et son ascension vers le Père déclarent hors de tout doute que sa mort sacrificielle fut efficace et suffisante pour effacer nos péchés et ainsi nous réconcilier avec Dieu.

Son ministère terrestre fait maintenant place à son ministère céleste. Que fait Jésus alors qu'il est maintenant assis à la droite du Père ? Quelle pertinence dans notre vie quotidienne ? Tout d'abord, Jésus règne en souverain de l'univers. Assis dans les lieux célestes, Jésus règne « au-dessus de toute domination, de toute autorité, de toute puissance, de toute souveraineté et de tout nom qui peut être nommé, non seulement dans le monde présent, mais encore dans le monde à venir » (Éphésiens 1 : 21). Nous pouvons donc dire avec assurance : « Le Seigneur est mon secours, je n'aurai peur de rien. Que peut me faire un homme ? » (Psaumes 118 : 6, cité en Hébreux 13 : 6). Ainsi, nulle inquiétude à avoir à propos de nos

biens matériels, de notre assurance éternelle, de nos combats spirituels. Mon Sauveur et Seigneur personnel veille sur moi de manière
surnaturelle! Il règne en souverain et pourvoit à tous mes besoins.
Le Seigneur de l'univers veille aussi présentement sur son Église
et la transforme, la préparant pour le jour des noces de l'Agneau.
Puissions-nous apprendre à chérir son Église, à aimer et à servir
cette épouse qu'il a acquise au prix de son sang.

Jésus nous prépare une place auprès de lui et du Père
(Jean 14:2-4). Entre-temps, il a envoyé son Saint-Esprit pour
œuvrer dans nos cœurs et nos esprits. Nous attendons son retour,
non pas en demeurant stériles et sans fruit, mais en servant joyeusement Dieu, son Église et le monde dans lequel nous vivons. L'apôtre
Jean a écrit: « Bien-aimés, nous sommes maintenant enfants de
Dieu, et ce que nous serons un jour n'a pas encore été révélé. Mais
nous savons que, lorsque Christ apparaîtra, nous serons semblables
à lui parce que nous le verrons tel qu'il est. Toute personne qui
possède cette espérance en lui se purifie comme lui-même est pur »
(1 Jean 3:2-3). L'attente de son retour ne saurait donc servir de
prétexte à des dissensions mutuelles, mais de motivation à la sanctification personnelle. Nous ne nous appartenons plus à nous-même;
saisissons le temps présent pour glorifier Dieu de tout notre être
qui appartient à lui seul.

Assis maintenant à la droite du Père, Jésus reviendra un jour
juger les vivants et les morts. En réponse aux exhortations de
l'apôtre Paul en 2 Corinthiens 5:9-21, mettons notre honneur à
être agréables au Seigneur, pressés à la fois par la crainte envers
le Seigneur et son amour pour nous. Annonçons le message de la
réconciliation. Puissions-nous annoncer son salut et son pardon à
un monde qui en a désespérément besoin, et qui jouit présentement
de la patience de Dieu avant le retour de Jésus-Christ.

Loin des yeux, loin du cœur? Notre Sauveur et Maître intercède
pour nous, nous prépare une place, et vient bientôt nous prendre
pour vivre éternellement avec lui. Son départ vers le Père fut le
prélude de la venue du Saint-Esprit; son retour sera la complétude
de notre union parfaite avec lui.

🤲 Prière

Toi le Seigneur qui est ressuscité et monté au ciel, bien que tu ne marches plus sur cette terre, tu règnes sur nous tous depuis ton trône. Toute autorité et tout pouvoir sont en toi. Ton nom est au-dessus de tout nom. Ressuscite-nous au dernier jour afin que nous vivions avec toi dans ton royaume. Amen.

Question 50

Que signifie pour nous la résurrection de Christ ?

Christ a triomphé du péché et de la mort en ressuscitant physiquement. Tous ceux qui croient en lui ressuscitent à une vie nouvelle dans ce monde et ressusciteront à la vie éternelle dans le monde à venir. Tout comme nous ressusciterons un jour, ce monde sera lui aussi un jour restauré. Mais ceux qui ne croient pas en Christ ressusciteront pour la mort éternelle.

📖 1 THESSALONICIENS 4 : 13-14

Nous ne voulons pas, frères et sœurs, que vous soyez dans l'ignorance au sujet de ceux qui sont morts, afin que vous ne soyez pas dans la tristesse comme les autres, qui n'ont pas d'espérance. En effet, si nous croyons que Jésus est mort et qu'il est ressuscité, nous croyons aussi que Dieu ramènera par Jésus et avec lui ceux qui sont morts.

💬 Commentaire

MARTYN LLOYD-JONES (1899 – 1981)

La création tout entière aura été libérée de la servitude de la corruption et jouira de « la glorieuse liberté des enfants de Dieu » (Romains 8 : 21). Tout sera glorifié, jusqu'à la nature elle-même.

C'est là, il me semble, l'enseignement biblique quant à notre état éternel : ce que nous appelons « le ciel », c'est la vie dans ce monde parfait telle que Dieu l'avait conçue pour l'humanité. Au commencement, Dieu a placé Adam dans le paradis, mais Adam a chuté et tous sont tombés avec lui. Cependant, les hommes et les femmes doivent vivre dans un corps, et ils vivront dans un corps glorifié, dans un monde glorifié, et Dieu sera avec eux.[63]

D. A. CARSON

Les merveilleuses implications de la résurrection de Jésus-Christ sont très nombreuses. La première d'entre elles, c'est que la résurrection justifie Jésus. En effet, certains pensaient que si Jésus était mort sur la croix, ce ne pouvait être que parce qu'il le méritait. Il a été jugé coupable par le tribunal romain. Et l'Ancien Testament lui-même soutient que tout homme pendu au bois est maudit par Dieu. Mais il se trouve qu'il n'est pas mort en homme condamné par son propre péché. Il portait en effet le péché des autres, et ce sacrifice a tant plu à Dieu qu'il l'a ressuscité d'entre les morts. Ainsi, sa résurrection est une forme de justification. C'est la preuve suprême que, lorsque Jésus, mourant, a dit « Tout est accompli », Dieu a acquiescé. Son Père a acquiescé. L'œuvre de rédemption était accomplie et le Père a justifié Jésus par la résurrection.

La résurrection démontre également l'intérêt que l'Évangile porte aux êtres humains vivant dans un corps. En effet, certains pensent qu'à la fin nous serons tous des esprits immatériels, sans plus aucun lien avec un corps physique. Mais voici une vérité élémentaire et fondamentale du christianisme : dans le nouveau ciel et sur la nouvelle terre, dans la maison de justice, notre ultime destination, nous n'aurons pas une existence uniquement céleste car nous aurons aussi une existence terrestre. Il y aura un nouveau ciel et une nouvelle terre, et nous aurons des corps ressuscités semblables à celui du Christ. Ceci est au cœur du grand débat de 1 Corinthiens 15. Paul affirme que Christ est revenu d'entre les morts dans un corps ressuscité. Et aussi étrange et incroyable que cela puisse paraître, c'était un corps qui pouvait être touché, dont on pouvait se saisir, un corps à qui on pouvait parler, qui pouvait être vu et pouvait même manger de la nourriture terrestre ! C'est pourquoi, lorsque nous-mêmes atteindrons cet état final, après avoir enfin connu la résurrection au dernier jour, nous aurons des corps ressuscités semblables à celui de Jésus ressuscité. C'est ce à quoi nous sommes destinés. Sa résurrection est donc les prémices de ce que l'on appelle souvent la résurrection corporelle finale. Tous les êtres humains seront ressuscités, que ce soit pour la vie ou pour la condamnation, car les êtres humains ont par essence une nature corporelle.

Et cela implique aussi une vie et une existence au-delà de cette vie. Nous ne devrions pas croire que le christianisme ne fait que résoudre certains problèmes de notre vie sur terre. Au contraire, notre objectif ultime se trouve au-delà de cette vie. Quand nous vieillissons, quand nos cheveux tombent peu à peu, quand l'arthrite commence à se faire sentir, ou quand nous sombrons dans la démence, l'idée d'une vie de résurrection devient alors très désirable, car notre espoir n'est pas de vivre jusqu'à soixante-dix, quatre-vingts ou même quatre-vingt-dix ans. Notre espoir est finalement celui d'avoir un corps comme celui du Christ ressuscité. Et son corps en est les prémices ; notre corps de résurrection a été garanti par le sien, et nous avançons derrière lui, pour le rejoindre dans la vie nouvelle : une vie dans un vrai corps ressuscité, dans le nouveau ciel et sur la nouvelle terre, dans la maison de justice. C'est pourquoi 1 Thessaloniciens 4, le grand chapitre de la résurrection, se termine ainsi : « Encouragez-vous donc les uns les autres par ces paroles » (v. 18).

🖐 Prière

Dieu vainqueur de la mort, rappelle-nous sans cesse que la mort n'est pas notre fin. Sauve-nous du jugement que nous méritons et donne-nous d'inciter fidèlement les autres à fuir la colère à venir. Nous regardons avec espoir vers la joie qui sera un jour nôtre lorsque, sauvés de cette colère grâce aux mérites de Jésus, nous serons revêtus de nos corps ressuscités et nous régnerons sur une terre renouvelée. Amen.

Question 51

Que nous apporte l'ascension de Jésus-Christ?

Christ est physiquement remonté au ciel pour notre bien, tout comme il est physiquement descendu sur terre pour notre bien; il est maintenant notre avocat auprès de son Père, il nous prépare une place et nous envoie le Saint-Esprit.

📖 ROMAINS 8:34

Qui les condamnera? Jésus-Christ est mort, bien plus, il est ressuscité, il est à la droite de Dieu et il intercède pour nous!

💬 Commentaire

THÉODORE MONOD (1836 – 1921)

1. Dieu lui-même, ô mystère!
    Descendant sur la terre,
    A voulu se vêtir de notre infirmité:
    Chétif et misérable,
    Il naît dans une étable,
    Nous dirons son amour pendant l'éternité.
    Nous dirons son amour pendant l'éternité.

2. Sur une croix infâme
   Voyez-le rendre l'âme,
   De ses propres bourreaux portant l'iniquité;
   Pour briser notre chaîne
   Il subit notre peine,
   Nous dirons son amour pendant l'éternité.
   Nous dirons son amour pendant l'éternité.

3. Comme on sort d'un vain rêve,
   Il s'éveille, il se lève,
   Tressaillez, cieux et terre : il est ressuscité!
   Il nous ouvre la voie,
   Il nous donne la joie,
   Nous dirons son amour pendant l'éternité,
   Nous dirons son amour pendant l'éternité.

4. Rentré dans la lumière,
   À la droite du Père,
   Il conserve envers nous la même charité;
   Pour nous venir en aide
   Sans cesse il intercède,
   Nous dirons son amour pendant l'éternité,
   Nous dirons son amour pendant l'éternité.

5. Il a fait plus encore,
   Et le cœur qui l'implore
   Est un temple immortel par Dieu même habité;
   De notre âme ravie
   Son Esprit est la vie,
   Nous dirons son amour pendant l'éternité,
   Nous dirons son amour pendant l'éternité.

6. Il revient sur la nue,
   Attendons sa venue,
   Bientôt il régnera dans la sainte cité :
   Partageant sa victoire,
   Rayonnant de sa gloire,
   Nous dirons son amour pendant l'éternité.
   Nous dirons son amour pendant l'éternité.

BRYAN CHAPELL

L'ascension, c'est le couronnement de Christ comme Roi suprême. En montant au ciel, il a prouvé qu'il régnait sur la mort et qu'il continue d'exercer son autorité sur le monde entier. Celui-là même qui a créé le monde est celui qui continue à le gouverner par sa parole puissante.

Lorsque nous disons que Christ règne, cela signifie que, par son ascension, il a endossé la fonction de Roi qu'il possédait déjà avant de descendre sur terre. Pendant son séjour sur cette terre, il a continué à soutenir toutes choses et à accomplir tous ses desseins, et ce jusqu'à sa mort et sa résurrection. Mais maintenant, en tant que Seigneur qui est monté au ciel, il est Seigneur au-dessus de tout. Il est celui qui contrôle toutes choses de façon à ce qu'elles contribuent au bien de ceux qui l'aiment.

Mais il n'est pas simplement Roi. Par son ascension, il intercède pour nous à la droite de Dieu. Il continue également à remplir une fonction de prêtre en plaidant et en intercédant pour nous autant que nécessaire auprès du Père. Alors que nous nous repentons de nos péchés, alors que nous prions, nos péchés sont enlevés par le Fils de Dieu. En effet, il agit comme un prêtre en notre faveur, comme celui qui, désormais, intercède pour nous, afin que Dieu écoute et agisse en notre faveur.

Non seulement Jésus opère-t-il comme Roi et Prêtre en notre faveur, mais il continue aussi de faire parvenir sa Parole dans nos cœurs par l'œuvre de son Esprit. Souvenons-nous que le Saint-Esprit devait rendre témoignage de Christ. La raison même pour laquelle nous sommes capables de comprendre la Parole de Dieu – pas seulement sa logique, mais aussi sa signification –, c'est que le Saint-Esprit, envoyé par le Christ lui-même, ouvre nos cœurs à la Parole. Cela veut dire que, comme cette Parole vient du Christ et nous est donnée par son Esprit, Jésus continue d'agir pour nous comme un prophète en nous transmettant la Parole de Dieu, afin que nous puissions marcher avec lui, le comprendre et comprendre sa grâce.

Tout cela signifie que Christ, dans son ascension, agit quotidiennement pour notre bien. Il dirige continuellement les circonstances que nous rencontrons. Il plaide continuellement pour nous dans ces situations. Il communique sa Parole à notre cœur pour que nous puissions faire face à ces situations. Mais son travail ne s'arrête pas là.

En tant que Prophète, Prêtre et Roi, il prépare également notre avenir. Toutes choses opèrent en vue d'un objectif divin, d'un aboutissement, d'un accomplissement de la gloire de Dieu par celui qui gouverne tout, en vue des desseins qu'il a conçus. En tant que Roi, il nous prépare une place de prodigieuse bénédiction de la part de Dieu. En tant que Prêtre, il s'assure que, lorsque nous nous tiendrons devant le trône du jugement, nous serons déclarés justes devant Dieu par l'œuvre purificatrice de son sang. La nature de prêtre de Jésus sera mise à l'honneur quand nous nous prosternerons devant l'Agneau de Dieu qui, par son sang, a racheté pour Dieu des hommes et des femmes de toutes tribus, de toutes langues, de tous peuples et de toutes nations. Christ remplira aussi ce rôle de prêtre quand il préparera un avenir pour nous. Et, ultimement, il protègera par son Esprit tous ceux qui lui appartiennent. De telle sorte que, par son Esprit, Dieu accomplit sa volonté non seulement dans le monde présent, mais aussi dans toute l'éternité. Par le pouvoir de l'Esprit, il garantit tout ce que Dieu a ordonné et mis en œuvre par les desseins, la puissance et l'amour suprême de Jésus-Christ.

Ce Seigneur monté au ciel est celui qui, en étant Prophète, Prêtre et Roi, règne sur notre présent et prépare notre avenir.

🖐 Prière

Sauveur et intercesseur, tu ne cesses de te montrer compatissant envers ton peuple. Tu as été tenté en toute chose comme nous le sommes, et aujourd'hui tu intercèdes pour nous quand nous faisons face à la tentation. Implore le Père pour nous car tu es notre avocat devant le juge de toute la terre. Amen.

Question 52

Quelle espérance la vie éternelle tient-elle en réserve pour nous?

Elle nous rappelle que ce présent monde déchu n'est pas la fin de l'histoire. Bientôt, nous vivrons avec Dieu et nous nous réjouirons en lui pour toujours dans la nouvelle cité, dans le nouveau ciel et sur la nouvelle terre où nous serons totalement et pour toujours libérés de tout péché. Nous aurons des corps ressuscités et renouvelés, et nous habiterons au milieu d'une création renouvelée et restaurée.

📖 APOCALYPSE 21:1-4

Puis je vis un nouveau ciel et une nouvelle terre, car le premier ciel et la première terre avaient disparu et la mer n'existait plus. Je vis descendre du ciel, d'auprès de Dieu, la ville sainte, la nouvelle Jérusalem, préparée comme une mariée qui s'est faite belle pour son époux. J'entendis une voix forte venant du ciel qui disait: «Voici le tabernacle de Dieu parmi les hommes! Il habitera avec eux, ils seront son peuple et Dieu lui-même sera avec eux, il sera leur Dieu. Il essuiera toute larme de leurs yeux, la mort ne sera plus et il n'y aura plus ni deuil, ni cri, ni douleur, car ce qui existait avant a disparu.»

⊟ Commentaire

J. C. RYLE (1816 – 1900)

Que ceci soit clair dans notre esprit : le bonheur à venir de ceux qui sont sauvés sera éternel. Même si nous avons du mal à le comprendre, c'est quelque chose qui n'aura pas de fin : cela ne cessera jamais, ne vieillira jamais, ne dépérira jamais, ne mourra jamais. Il y a « d'abondantes joies et un bonheur éternel » dans la présence de Dieu (Psaumes 16 : 11). Une fois au paradis, les saints de Dieu ne le quitteront plus jamais. L'héritage « ne peut ni se corrompre, ni se souiller, ni se flétrir ». Ils recevront « la couronne incorruptible de la gloire » (1 Pierre 1 : 4 ; 5 : 4). Leur combat est terminé, leur lutte a pris fin, leur travail est achevé. Ils n'auront plus jamais faim. Ils n'auront plus jamais soif. Ils se sont mis en route vers « un poids éternel de gloire », vers une demeure qui ne sera jamais détruite, des retrouvailles sans jamais d'au revoir, un grand rassemblement familial sans jamais de séparation, un jour sans jamais de nuit. La foi sera engloutie par la vue, et l'espérance par la certitude. Ils verront comme ils ont été vus et connaîtront comme ils ont été connus, et ils seront « toujours avec le Seigneur ». Je ne suis pas surpris que l'apôtre Paul ajoute : « Réconfortez-vous donc les uns les autres par ces paroles » (1 Thessaloniciens 4 : 17-18).[64]

TIMOTHY KELLER

La réponse du catéchisme nous apprend deux choses concernant le futur glorieux garanti par l'Évangile.

Premièrement, nous allons nous réjouir en Dieu pour toujours. Parce que Dieu est en lui-même trinitaire, le Père, le Fils et le Saint-Esprit se glorifient, se réjouissent, s'adorent et s'aiment mutuellement. Ainsi, Dieu a en lui-même une joie infinie. Et nous avons été créés pour partager cette joie. Nous avons été créés pour le glorifier et pour prendre part à cette gloire et à cette joie. Mais aucun d'entre nous, pas même le chrétien le plus affermi dans sa foi aujourd'hui, n'a jamais expérimenté cette joie – une joie parfaite, cosmique, infinie, croissant continuellement – car nous tous admirons et adorons bien d'autres choses. Un jour, nous serons libérés du péché, et alors nous connaîtrons et expérimenterons cette gloire et cette joie. Nous nous réjouirons en lui pour toujours.

Deuxièmement, nous nous réjouirons en lui dans la nouvelle ville, dans la Nouvelle Jérusalem, dans le nouveau ciel et sur la nouvelle terre. Nous expérimenterons cette joie cosmique, non pas de manière purement immatérielle, mais nous vivrons au sein d'une création palpable et restaurée. Nous aurons des corps ressuscités, comme celui de Jésus – des corps physiques. Et cela veut dire, comme les chrétiens le comprennent, que le corps et l'âme, le physique et le spirituel, seront unis en une parfaite et éternelle harmonie. Aucune autre religion ne conçoit cela de cette manière. Nous n'errerons pas sous la forme d'esprits sans corps, mais danserons. Nous marcherons. Nous nous embrasserons. Nous mangerons et boirons dans le royaume de Dieu. Cela signifie que nos plus profonds désirs seront assouvis. Nos plus grandes tristesses seront englouties.

Que pourrions-nous connaître de mieux que cela ? Et c'est ce qui nous attend. Rien de moins que cela !

🖐 Prière

Dieu Éternel, nous attendons avec impatience l'établissement définitif et complet de ton royaume. Nous désirons ardemment voir le jour où toute larme sera séchée. Nous soupirons après le jour où nous n'aurons plus à combattre notre chair. Que cette espérance solide et ferme dans la vie éternelle à venir nous donne le courage de faire face aux épreuves de cette vie. Amen. Viens Seigneur Jésus !

Biographies
des auteurs historiques

Athanase d'Alexandrie (296-373). Évêque d'Alexandrie durant plus de quarante années, il endure cinq périodes de bannissement en raison de diverses controverses politiques et théologiques. Connu comme « le père de l'orthodoxie », Athanase se bat longtemps contre l'hérésie arienne. Il prend part au premier Concile de Nicée (325).

Augustin d'Hippone (354-430). Évêque d'Hippone en Afrique du nord romaine, il est aussi philosophe et théologien. Son œuvre la plus connue est une autobiographie spirituelle qui s'intitule *Les Confessions*. Augustin est également l'un des auteurs latins les plus prolifiques, avec plusieurs centaines de titres (dont des écrits apologétiques, des textes sur la doctrine chrétienne et des commentaires) et plus de 350 prédications conservées.

Richard Baxter (1615-1691). Puritain anglais, il sert comme aumônier au sein de l'armée d'Oliver Cromwell, puis comme pasteur à Kidderminster, en Angleterre. Lorsque le Roi James II d'Angleterre est renversé, Baxter est persécuté et emprisonné pendant dix-huit mois. Il continue toutefois à prêcher et écrit quelques années plus tard : « Je prêchais comme si c'était la dernière fois que je prêchais, comme un homme en train de mourir qui s'adresse à des hommes en train de mourir. » Il est l'auteur de nombreux ouvrages théologiques, mais aussi de poèmes, de cantiques, ainsi que de son propre Catéchisme des familles.

Abraham Booth (1734-1806). Il sert pendant près de 35 ans comme pasteur à l'Église baptiste Prescot Street Church de Whitechapel, à Londres. Il est également le fondateur de ce qui est aujourd'hui le Regent Park College, une institution pour la formation au ministère à Oxford. Il publie un grand nombre de livres et d'essais dont le plus connu *Puissance-grâce : la souveraineté de Dieu dans le salut.*

John Bradford (1510-1555). Réformateur protestant anglais, il étudie à l'Université de Cambridge et est nommé chapelain royal par le Roi Edouard VI. Lorsque la catholique Mary Tudor accède au trône, Bradford est arrêté, en même temps que les évêques Latimer et Ridley, ainsi que l'archevêque Cranmer. Bradford jouit d'une excellente réputation en tant que prédicateur et une foule importante assiste à son exécution. On se souvient particulièrement de lui pour cette déclaration : « Ainsi s'en va John Bradford, lui qui doit tout à la grâce de Dieu. » Son œuvre, dont une partie a été rédigée depuis sa prison, comprend des lettres, des exhortations, des éloges funèbres, des méditations, des sermons et des essais.

Edmond-Louis Budry (1854-1932). Pasteur, traducteur et poète suisse, il est aussi l'auteur de nombreux cantiques. Il est en particulier connu pour avoir écrit en 1885 les paroles du chant « À toi la gloire » dont la musique est empruntée à Georg Friedrich Haendel. C'est à Budry que nous devons aussi les paroles de cantiques tels que « Béni soit le lien », « Jésus-Christ est ma sagesse », ou « Vers toi monte notre hommage ».

John Bunyan (1628-1688). Connu comme « le rétameur d'Elstow », il connaît une conversion spectaculaire avant de devenir un prédicateur puritain influent. Alors que sa popularité s'accroît, il devient la cible de calomnies et de propos diffamatoires et finit par être emprisonné. C'est au cours de ses douze années d'emprisonnement qu'il rédige son œuvre la plus connue, *Le Voyage du Pèlerin*, dont la première édition remonte à 1678.

Jean Calvin (1509-1564). Théologien, administrateur et pasteur, Calvin est né en France dans une famille catholique très stricte. Mais c'est à Genève qu'il passe la plus grande partie de sa vie, en organisant l'Église Réformée. Il écrit l'*Institution de la religion chrétienne*, le *Catéchisme de Genève* ainsi que d'innombrables commentaires de l'Écriture.

Oswald Chambers (1874-1917). Pasteur écossais, il a fondé une école biblique à Londres et a servi en tant qu'aumônier de la YMCA pendant la Première Guerre mondiale. Il est transféré au Caire où il trouve la mort. Après son départ, sa veuve rassemble et publie des transcriptions de ses sermons sous le titre *Tout pour qu'Il règne*. Ce recueil de méditations quotidiennes est l'ouvrage le plus connu d'Oswald Chambers.

Jean Chrysostome (347-407). Archevêque de Constantinople. Né à Antioche, il reçoit le titre de Chrysostome, ce qui signifie « bouche d'or », à cause de l'éloquence de ses prédications. Il est reconnu par l'Église Orthodoxe d'Orient et l'Église Catholique comme saint et docteur de l'Église. Chrysostome est connu pour sa *Liturgie de saint Jean Chrysostome* et son immense œuvre homilétique, dont 67 homélies sur la Genèse, 90 sur l'Évangile de Matthieu et 88 sur l'Évangile de Jean.

Thomas Cranmer (1489-1556). Réformateur anglais. Il est archevêque de Canterbury lorsque l'Église d'Angleterre, sous le règne d'Henri VIII, se sépare de l'Église Catholique Romaine. Dans ses efforts pour réformer la liturgie de l'Église, il écrit *Le Livre de la prière commune* (*The Book of Common Prayer*) qui sert toujours de base au culte anglican aujourd'hui.

Jonathan Edwards (1703-1758). Prédicateur, théologien et philosophe de l'Amérique coloniale, il devient pasteur de son Église à Northampton, dans le Massachusetts, en 1726. Il est connu pour sa célèbre prédication « Entre les mains d'un Dieu en colère » ainsi que pour ses nombreux livres, dont *The End For Which God Created the World* ainsi que le Traité concernant les affections religieuses. Il meurt suite à l'inoculation du vaccin de la variole peu de temps après le début de sa présidence de l'université du New Jersey (qui devint ensuite Princeton University).

C. S. Lewis (1898-1963). Membre de la faculté de littérature anglaise à l'université d'Oxford et directeur du département d'anglais à l'université de Cambridge, C. S. Lewis a été l'un des auteurs les plus populaires du XXe siècle. Il rédige des critiques littéraires, des contes pour enfants, des romans de science-fiction, ainsi que de nombreux ouvrages théologiques. Ses écrits les plus connus sont *Les fondements du christianisme*, *Tactiques du diable*, et *Les chroniques de Narnia*.

David Martyn Lloyd-Jones (1899-1981). Médecin gallois et pasteur protestant, il est surtout connu pour avoir prêché et enseigné à la Westminster Chapel de Londres pendant trente ans. Il pouvait passer plusieurs mois, voire plusieurs années, à exposer un chapitre de la Bible verset par verset. Ses ouvrages les plus connus sont sans doute son commentaire sur l'Épître aux Romains en quatorze volumes ainsi que son livre *La dépression spirituelle*.

Martin Luther (1483-1546). Pasteur protestant allemand et professeur de théologie. Il rejoint les ordres monastiques alors que sa famille le destine à devenir avocat. Le 31 octobre 1517, il accroche 95 thèses sur la porte d'une église à Wittenberg, ce qui marque le coup d'envoi de la Réforme. Le Pape Léon X et l'Empereur Charles V lui demandent de revenir sur ses propos. Il refuse et il est excommunié. Luther rédige de nombreux ouvrages, dont un petit et un grand catéchisme. Il a prêché des centaines de fois dans de nombreuses églises et universités.

Théodore Monod (1836-1921). Pasteur et auteur français. A écrit de nombreux chants dont « Ah ! Donne à mon âme », « C'est mon joyeux service », « Je suis la lumière », « Sur toi je me repose ».

John Owen (1616-1683). Théologien puritain anglais. Étudiant à l'université d'Oxford dès l'âge de 12 ans, il obtient sa maîtrise à 19 ans, et devient pasteur à 21 ans. Il est nommé vice-chancelier de l'université quelques années plus tard. Il prêche devant le Parlement le lendemain de l'exécution du roi Charles Ier et mène à bien cette tâche qui lui était confiée sans jamais directement faire allusion à la mort du roi. Il rédige de nombreux ouvrages importants, dont des traités d'histoire de la religion ainsi que plusieurs études sur le Saint-Esprit.

J. C. Ryle (1816-1900). Premier évêque anglican de Liverpool, il est nommé sur la recommandation du Premier Ministre Benjamin Disraeli. Auteur, pasteur et athlète, il pratique l'aviron et le cricket pour l'université d'Oxford. Il a également été responsable de la construction de plus de quarante églises.

Francis Schaeffer (1912-1984). Pasteur et philosophe presbytérien américain. Il est connu pour ses nombreux écrits, mais aussi pour avoir fondé la communauté de L'Abri en Suisse. Plusieurs de ses ouvrages ont été traduits en français comme *Démission de la raison, Dieu ni silencieux ni lointain, La Genèse: berceau de l'histoire, La pollution et la mort de l'homme.*

Richard Sibbes (1577-1635). Théologien puritain anglais, il est aussi connu sous le nom de «the Heavenly Doctor Sibbes (Céleste Docteur Sibbes)». Prédicateur au Gray's Inn à Londres, et diplômé de Catherine Hall à Cambridge, il écrit plusieurs ouvrages de méditations, dont le plus connu est *The Bruised Reed and Smoking Flax.*

Charles Simeon (1759-1836). Recteur de l'Église Trinity Church à Cambridge pendant quarante-neuf ans. On lui propose de prendre la tête de cette Église alors qu'il termine ses études universitaires. Ses débuts sont très difficiles: il n'est pas accepté par ses fidèles qui manifestent régulièrement leur mécontentement pendant ses prédications en l'interrompant bruyamment et en fermant à clé les petites portes donnant accès aux bancs de l'église. Simeon est surtout connu pour ses vingt-et-un volumes de *Horae homileticae*, une collection de canevas de prédications couvrant les soixante-six livres de la Bible.

Charles Haddon Spurgeon (1834-1892). Prédicateur baptiste anglais, Spurgeon a vingt ans lorsqu'il devient pasteur de la New Park Street Church, communauté londonienne qui devient par la suite le Metropolitan Tabernacle. Son auditoire dépasse fréquemment les 10 000 personnes, auxquelles il s'adressait sans sonorisation électronique. Spurgeon était un auteur prolifique. Au cours de sa vie, il a prêché près de 3 600 fois et publié 49 volumes de commentaires, de pensées, de cantiques et de méditations.

John Wesley (1703-1791). Prédicateur et théologien anglais, il est considéré, ainsi que son frère Charles, comme un des fondateurs du mouvement méthodiste anglais. Il a l'habitude de se déplacer à cheval et prêche deux à trois fois par jour. Il aurait prêché plus de 40 000 fois au cours de sa vie. Il était également un auteur-compositeur de cantiques célèbres.

Biographies
des auteurs contemporains

Dominique Angers est professeur de Nouveau Testament et de théologie pratique à la Faculté de Théologie Évangélique (Université Acadia), à Montréal. Après un ministère pastoral en Alsace et un ministère d'enseignement en Suisse, il retrouve son Québec natal en 2016. En plus de ses publications académiques, Dominique est l'auteur du livre *La méditation biblique à l'ère numérique* (GBU/Farel). On peut lire ses articles hebdomadaires sur son blog (dominiqueangers.toutpoursagloire.com), où l'on trouve également son podcast vidéo d'enseignement biblique « Parle-moi maintenant ». Dominique et son épouse Laura ont trois jeunes garçons.

Thabiti Anyabwile est pasteur de l'Église Anacostia River Church à Washington. Il a auparavant servi en tant que pasteur à l'Église First Baptist Church de Grand Cayman pendant sept ans. Il est membre du conseil de The Gospel Coalition ou TGC. Parmi ses ouvrages on peut citer *Reviving the Black Church* et *What is a Healthy Church Member?*.

Alistair Begg est pasteur principal de l'Église Parkside Church près de Cleveland, Ohio. Il est membre du conseil de TGC. Il est auteur de nombreux livres dont *Lasting Love: How to Avoid Marital Failure*. Il participe également à l'émission de radio hebdomadaire *Truth for Life*.

D. A. Carson est professeur chercheur spécialiste du Nouveau Testament à Trinity Evangelical Divinity School à Deerfield, Illinois. Il est également le président de The Gospel Coalition. Il a

écrit de nombreux ouvrages, dont certains sont disponibles en
français comme *Le Christ et la culture, Le Dieu qui se dévoile,*
ou *Erreurs d'Exégèse.*

Bryan Chapell est pasteur principal de l'Église Grace Presbyterian Church à Peoria, Illinois. Il a également été président du
Covenant Theological Seminary pendant seize ans. Chapell est
l'auteur de nombreux ouvrages, dont certains sont disponibles
en français comme *Grâce infinie,* et *Prêcher, l'art et la manière.*
Il est également membre du conseil de TGC.

Pierre Constant est professeur agrégé du Nouveau Testament
au Toronto Baptist Seminary depuis 2003. Détenteur d'un
B.A. spécialisé en philosophie de l'Université d'Ottawa, de
même que d'une M.A. et d'un Ph.D. (en exégèse et théologie
du Nouveau Testament) de la Trinity International University.
Il est l'auteur du *Survol des Évangiles* publié par le Séminaire
Baptiste Évangélique du Québec. Marié et père de quatre
enfants maintenant adultes, Pierre et son épouse Lise servent
dans l'Église chrétienne du Plateau à Gatineau, Québec.

Mark Dever est pasteur principal de l'Église Capitol Hill Baptist
Church à Washington, et président de l'organisation 9 Marks.
Il est également membre du conseil de TGC. Dever est l'auteur
de nombreux ouvrages, dont certains sont disponibles en
français comme *L'Église : un bilan de santé* et *L'Église inten-
tionnelle.*

Kevin DeYoung est pasteur principal de l'Église University
Reformed Church à East Lansing, Michigan. Il est membre
du conseil de TGC. Parmi ses nombreux ouvrages, on compte
Croire Dieu sur Parole, La faille dans notre sainteté ou *Vie de
fou.*

Ligon Duncan est président du Reformed Theological Seminary,
président de Alliance of Confessing Evangelicals et membre du
conseil de TGC. Il a écrit ou contribué à plusieurs livres, dont
The Unadjusted Gospel.

Mike Evans. D'origine britannique, il a passé plus de 50 ans
en France. Mike a d'abord suivi des études en informatique,
puis poursuivi avec un diplôme en management et un master
en théologie. Jusqu'à sa retraite, il a été directeur de l'Institut

Biblique de Genève. Il est actuellement président d'Évangile 21, la branche française de The Gospel Coalition. Marié avec Sylvia, ils ont 5 enfants, tous mariés, et ils sont les heureux grands-parents de 18 petits enfants !

Etienne Grosrenaud est originaire du Doubs. Il est marié à Jacinthe, originaire du Québec, et ils ont 4 enfants. Il a fait des études d'ingénieur à Paris (ESTP) et des études en théologie à Toronto (TBS). Il a été pasteur quinze ans à Montpellier et l'est maintenant depuis treize ans à Mulhouse, dans une Église baptiste de l'AEEBLF. Il est membre du conseil de cette union d'Églises, et de la commission Églises et ministères. Il a plusieurs engagements au sein du ϖ CNEF et est membre du comité de référence du GBU. Il est enseignant à l'Institut Biblique de Genève.

Collin Hansen est le directeur éditorial de The Gospel Coalition. Il a également été éditeur associé pour le magazine *Christianity Today*. Son livre le plus récent est : *Blind Spots: Becoming a Courageous, Compassionate, and Commissioned Church*.

R. Kent Hughes est professeur de théologie pratique au Westminster Theological Seminary à Philadelphie, et membre du conseil de TGC. Il a été pendant trente-sept ans pasteur principal de l'Église College Church à Wheaton en Illinois. Il est l'auteur de plus d'une trentaine de livres, dont *Homme de Dieu, exerce-toi à la piété*. Il est l'éditeur en chef de la série de commentaires bibliques *Preaching the Word*.

James Hely Hutchinson est originaire d'Irlande. Il est marié avec Myriam, une Française, et père d'une petite Clara. Converti alors qu'il était à l'université en Angleterre, il a travaillé pendant sept ans dans le domaine de la finance avant de se former, à Sydney et à Vaux-sur-Seine, pour le service de l'Évangile. Il exerce un ministère de formation biblique en Europe francophone depuis treize ans, étant directeur de l'Institut Biblique Belge (à Bruxelles) depuis 2007. Il enseigne principalement la théologie biblique, l'Ancien Testament et les langues bibliques.

Timothy Keller est pasteur principal de l'Église Redeemer Presbyterian Church à Manhattan et vice-président de The Gospel Coalition. Il est l'auteur de livres tels que *La raison est pour Dieu* et *Les idoles du cœur*.

Étienne Lhermenault. Marié, père de deux enfants, Étienne est professeur à l'Institut Biblique de Nogent. Formé à l'Institut Biblique et Missionnaire Emmaüs et à la Faculté Libre de Théologie Évangélique de Vaux-sur-Seine, il a été successivement aumônier d'un collège protestant au Cameroun, pasteur de deux Églises dans la région de Toulouse (Albi et Carmaux) et secrétaire général de la Fédération des Églises Évangéliques Baptistes. Il est Directeur de l'Institut Biblique de Nogent où il enseigne depuis 2008. Il est également président du Conseil National des Évangéliques de France (CNEF) depuis sa constitution en juin 2010.

John Piper est le fondateur du site *desiringGod.org* et le Président honoraire du Bethlehem College and Seminary à Minneapolis, Minnesota. Il a été pendant trente-trois ans pasteur de l'Église Bethlehem Baptist Church. Il est membre du conseil de TGC et auteur de plus de cinquante ouvrages dont *Au risque d'être heureux*, *Que les Nations se réjouissent* et *Combattre l'incrédulité*.

Sylvain Romerowski est diplômé de l'Institut Biblique de Nogent ainsi que de la faculté de Théologie de Westminster à Philadelphie (États-Unis), et a étudié la linguistique générale à l'université de Paris III. Professeur à l'Institut Biblique de Nogent, il est également chargé de cours à la Faculté de Théologie de Vaux-sur-Seine. Il est l'auteur de plusieurs ouvrages et articles théologiques, a participé à la traduction de la *Bible du Semeur*, et a supervisé la production des notes et introductions de la *Bible du Semeur d'étude* pour l'Ancien Testament.

Matthieu Sanders a effectué sa formation théologique à la Faculté Libre de Théologie (FLTE) de Vaux-sur-Seine, avant d'être appelé en 2008 par l'Église Baptiste de Paris-Centre comme pasteur. Il est également chargé de cours à la FLTE et à l'Institut Biblique de Nogent et membre du Conseil de l'Association baptiste (AEE-BLF). Il est par ailleurs l'auteur d'une *Introduction à l'herméneutique biblique* parue en 2015 aux éditions Edifac. Matthieu et son épouse Talia ont deux filles, Livia et Isaline.

Sam Storms est pasteur de la prédication à l'Église Bridgeway Church à Oklahoma City. Il est aussi président de l'organisation Evangelical Theological Society. Il est membre du conseil de TGC et auteur de plusieurs livres dont *Packer on the Christian Life* et *Pleasures Evermore*.

Stephen Um est pasteur principal de l'Église City Life Presbyterian Church à Boston. Il est aussi directeur adjoint de la formation pour Redeemer City to City. Il est membre du conseil de TGC et auteur de *Why Cities Matter*. Il a participé à la série de commentaires bibliques *Preaching the Word*.

Florent Varak. Après plus de vingt ans en tant que pasteur de l'Église Protestante Évangélique de Villeurbanne en Rhône-Alpes, Florent Varak a été nommé directeur pour équiper et revitaliser les Églises de la mission Encompass World Partners sur le plan international. Il a fait des études en administration et un master en théologie au Masters Seminary en Californie. Auteur et prédicateur très apprécié, il est président des Éditions CLÉ et professeur d'homilétique à l'IBG. Florent et Lori, son épouse, ont trois enfants et sont récemment devenus de « jeunes » grands-parents.

Paul Wells est professeur émérite de la Faculté Jean Calvin d'Aix-en-Provence et professeur visiteur de North-West University en Afrique du Sud. Il a écrit de nombreux ouvrages en français et en anglais, dont le dernier est *En toute occasion, favorable ou non : Positions et propositions évangéliques*. Après avoir été éditeur de *La Revue réformée*, il est actuellement éditeur en chef de *Unio cum Christo*. Il habite avec son épouse Alison à Eastbourne en Grande Bretagne.

John Yates est pasteur de The Falls Church Anglican en Virginie du Nord. Il est membre du conseil de TGC et a participé au mouvement de renouveau anglican aux États-Unis.

Remerciements

Le Nouveau catéchisme pour la cité est un projet collectif qui a commencé il y a de cela plusieurs années. Nous remercions Tim Keller, Sam Shammas, et l'Église Redeemer Presbyterian Church pour leur travail d'adaptation des cinquante-deux questions et réponses de ce catéchisme à partir du Catéchisme de Genève de Jean Calvin, du petit et grand Catéchisme de Westminster et surtout du Catéchisme de Heidelberg. Merci à Ben Peays, qui a été le fer de lance de la mise en ligne du projet en tant que directeur de The Gospel Coalition ; son enthousiasme pour le projet continue à nous encourager aujourd'hui. Les éditions Crossway ont été notre fidèle partenaire dans cette entreprise risquée pour redynamiser la pratique du catéchisme dans nos Églises et nos foyers. Sans l'excellent travail de Betsy Childs Howard, nous n'aurions jamais pu réaliser cet ouvrage qui sera, nous l'espérons, un précieux outil au service des individus, des familles et des Églises pour les générations à venir.

Nous dédions ce livre aux mères, aussi bien spirituelles que biologiques, dans l'espoir que leurs enfants se lèvent pour les appeler bienheureuses (Proverbes 31:28), le jour où ils invoqueront le nom du Seigneur pour leur salut (Romains 10:13).

Collin Hansen, éditeur en chef.

Remerciements pour l'édition française

Éditer *Le Nouveau catéchisme pour la cité* en français a représenté un travail colossal. La plupart des textes historiques ont été traduits, sauf ceux d'auteurs francophones pour lesquels il a fallu faire des recherches et trouver les textes d'origine. Les textes contemporains sont soit des traductions, soit des textes expressément rédigés par des francophones pour cet ouvrage.

Sans détailler le travail que chacun a accompli, nous tenons à remercier très chaleureusement tous ceux qui ont ainsi contribué par leurs traductions, révisions, relectures, et recherches diverses à la réussite de cet outil : Nadine Devaleriola, Claudine Kern, Paul Harrison, Hervé Mousset, Stéphane Polegato, Jonathan Porteous, Loanne Procopio, Sylvette Rat, Lynda Rat, Mireille Ratte, Claire Romerowski, Sandrine Segonne, Anne Worms et très probablement quelques-uns que nous avons oubliés !

Les Éditeurs.

Notes

1   Gary Parrett and J. I. Packer, *Grounded in the Gospel : Building Believers the Old-Fashioned Way*, Grand Rapids, MI : Baker, 2010, p. 16.

2   Jean Calvin, *Institution de la religion chrétienne*, Charols : Éditions Kerygma-Excelsis, 2009, p. 623-624 (III.VII.I)

3   Jonathan Edwards, *The Works of Jonathan Edwards*, édité par Edward Hickman, Londres : Ball, Arnold, and Co., 1840, 2:511.

4   Richard Baxter, « The Catechising of Families » in *The Practical Works of the Rev. Richard Baxter*, vol. 19, Londres : Paternoster, 1830, p. 33, 62, 89.

5   J. C. Ryle, *Expository Thoughts on the Gospels : St. Matthew*, NewYork : Robert Carter & Brothers, 1870, p. 51, 336–37.

6   Jean Calvin, *Commentaire sur l'épitre aux Hébreux*, chapitre 11, verset 3. URL : <https://books.google.fr/books?id=wSDOO_3c2JAC&printsec=frontcover&hl=fr&source=gbs_ge_summary_r&cad=0#v=onepage&q=%22plus%20excellent%22&f=false> (consulté le 20/12/2017). Traduction libre.

7   Richard Sibbes, *Divine Meditations and Holy Contemplations*, Londres : J. Buckland, 1775, p. 13, 114.

8   John Wesley, « The Two Great Commandments » in *Renew My Heart*, Uhrichsville, OH : Barbour, 2011.

9   John Bunyan, "The Doctrine of the Law and Grace Unfolded" in *The Works of that Eminent Servant of Christ, Mr. John Bunyan*, vol. 3, Edinburgh : Sands, Murray & Cochran, 1769, p. 245–47.

10   C. H. Spurgeon, « Heart-Knowledge of God » in *The Metropolitan Tabernacle Pulpit : Sermons Preached and Revised by C. H. Spurgeon During the Year 1874*, vol. 20, Londres : Passmore & Alabaster, 1875, p. 674–75.

11   Jean Calvin, *Institution de la religion chrétienne*, Charols : Éditions Kerygma-Excelsis, 2009, p. 307-30 (II.VIII.II).

12   Martyn Lloyd-Jones, *The Cross*, Wheaton, IL : Crossway, 1986, p. 176–77.

13   Martin Luther, *Treatise Concerning Good Works*, première édition 1520, réédité à Brooklyn, NY : Sheba Blake Publishing, 2015, sections 10–11.

14   Cf. première partie, « Les dix commandements » du Petit catéchisme de Martin Luther. URL :< https://www.egliselutherienne.org/bibliotheque/PC/#1 > (Consulté le 23/04/2018).

[15] John Bradford, « Godly Meditations: A Meditation upon the Ten Commandments » in *The Writings of John Bradford*, ed. Aubrey Townsend, Cambridge: University Press, 1868, p. 170–72.

[16] John Owen, « The Nature, Power, Deceit, and Prevalency of the Remainders of Indwelling Sin in Believers » in *The Works of John Owen*, ed. Thomas Russell, vol. 13, Londres: Richard Baynes, 1826, p. 200–201.

[17] Ibid., p. 26.

[18] Abraham Booth, « Confession of Faith » in *Works of Abraham Booth: Late Pastor of the Baptist Church*, vol. 1, Londres: Button, 1813, xxxi–xxxii.

[19] *Memoirs of the Life of the Rev. Charles Simeon*, Londres: Hatchard and Son, 1847, p. 661–62.

[20] Oswald Chambers, entrée du 7 octobre, *My Utmost for His Highest: Selections for Every Day*, Uhrichsville, Ohio: Barbour, 1992, p. 207.

[21] Martin Luther, Grand catéchisme de Luther, 1854, p. 17, 19, 25. URL: <https:// books.google.fr/books?id=uqo8AAAAcAAJ&printsec=frontcover&hl=fr&source =gbs_ge_summary_r&cad=0#v=onepage&q&f=false> (Consulté le 20/12/2017). Extraits choisis. Traduction libre.

[22] C. H. Spurgeon, « Hope for the Worst Backsliders », sermon 2452 in *The Complete Works of C. H. Spurgeon*, vol. 42, Morrisville, PA: Delmarva Publications, 2013. Consultable aussi sur URL: <www.biblebb.com/files/spurgeon/2452.htm> (consulté le 20/12/2017)

[23] Jonathan Edwards, *A Treatise Concerning Religious Affections*, Philadelphia: James Crissy, 1821, p. 48–49.

[24] John Chrysostom, « Christmas Morning » in *The Sunday Sermons of the Great Fathers*, vol. 1, Swedesboro, NJ: Preservation Press, 1996, p. 110–15.

[25] Augustin d'Hippone, L'année liturgique, Sermon 191 (extraits). URL: <http:// avancezaularge.free.fr/augustin_sermons_nativite.htm> (consulté le 20/12/2017). Traduction libre.

[26] Athanasius, "On the Incarnation of the Word," in *Athanasius: Select Works and Letters*, vol. 4 of The Nicene and Post-Nicene Fathers, Series 2, ed. Philip Schaff and Henry Wace (Peabody, MA: Hendrickson, 1999), p. 40–41.

[27] John Chrysostom, "Easter Sermon by John Chrysostom," in *Service Book of the Holy Orthodox-Catholic Apostolic (Greco-Russian) Church*, trans. Isabel Florence Hapgood (New York: Riverside Press, 1906), p. 235–36.

[28] Athanase d'Alexandrie, « On the Incarnation of the Word » in *Athanasius: Select Works and Letters*, vol. 4 of *The Nicene and Post-Nicene Fathers*, Series 2, ed. Philip Schaff and Henry Wace, Peabody, MA: Hendrickson, 1999, p. 40.

[29] Richard Sibbes, « Of Confirming this Trust in God » in *The Soul's Conflict and Victory over Itself by Faith*, Londres: Pickering, 1837, p. 325–26.

[30] Traduction libre de l'hymne d'Augustus Toplady, "Rock of Ages," 1763.

[31] John Bunyan, *Heart's-Ease in Heart-Trouble*, Londres: John Baxter, 1804, p. 60.

[32] Martyn Lloyd-Jones, « Creation and Common Grace » in *God the Holy Spirit*, vol. 2 of *Great Doctrines of the Bible*, Wheaton, IL: Crossway, 2003, p. 24–25.

[33] Richard Mouw, *He Shines in All That's Fair*, Grand Rapids, MI: Eerdmans, 2001, p. 14.

[34] J. C. Ryle, *Consider Your Ways*, London: Hunt & Son, 1849, p. 23–24.

[35] Extrait de la méditation du 25 septembre, tiré du recueil *Morning & Evening, Daily Reading*, New York: Sheldon and Company, 1866, p. 269.

[36] Jonathan Edwards, *The Works of Jonathan Edwards*, ed. Edward Hickman, Londres: Ball, Arnold, and Co., 1840, 2:580.

[37] John Wesley, «Letter to the Rev. Dr. Middleton» in *The Works of the Reverend John Wesley*, vol. 5, New York: Emory & Waugh, 1831, p. 757.

[38] Abraham Booth, *The Reign of Grace: From Its Rise to Its Consummation*, Glasgow: Collins, 1827, p. 247–48.

[39] Jean Calvin, «The Necessity of Reforming the Church» in *Theological Treatises*, ed. and trans. J. K. S. Reid, The Library of Christian Classics, Louisville: WJKP, 1954, p. 199.

[40] Version française d'une variation du cantique d'Edward Mote «My Hope Is Built on Nothing Less», 1834.

[41] C. H. Spurgeon, «The Agreement of Salvation by Grace with Walking in Good Works», sermon 2210 in *The Complete Works of C. H. Spurgeon*, vol. 37, Morrisville, PA: Delmarva Publications, 2015. Aussi disponible sur URL: < http://www.biblebb. com/files/spurgeon/2210.htm > (Consulté le 20/12/2017).

[42] Francis A. Schaeffer, *The God Who Is There*, in *The Francis A. Schaeffer Trilogy: The Three Essential Books in One Volume*, Wheaton, IL: Crossway, 1990, p. 182–83.

[43] Augustin d'Hippone, *La Cité de Dieu*, 13.24.3. Traduction libre.

[44] Gordon D. Fee, «On Getting the Spirit Back into Spirituality» in *Life in the Spirit*, ed. Jeffrey Greenman and George Kalantzis, Downers Grove, IL: InterVarsity Press, 2010, p. 43.

[45] Thomas F. Torrance, *The Trinitarian Faith*, Londres: T & T Clark, 1991, p. 191.

[46] John Owen, «The Indwelling of the Spirit» in «The Doctrine of the Saints' Perseverance Explained and Confirmed» in *The Works of John Owen*, édité par William Goold, Volume XI, New York: Robert Carter & Brothers, 1853, p. 343–61. Traduction libre.

[47] Abraham Booth, «The Reign of Grace» in Booth's *Select Works*, Londres: Chidley, 1839, p. 187–88.

[48] «Mr. John Bunyan's Dying Saying: Of Prayer» in *The Works of That Eminent Servant of Christ John Bunyan*, vol. 1, Philadelphia: John Ball, 1850, p. 47.

[49] John Chrysostom, «Homily 37: On John,» in *Commentary on Saint John the Apostle and Evangelist*, Homilies 1–47, vol. 33 of The Fathers of the Church, trans. Sister Thomas Aquinas Goggin, Washington, DC: Catholic University Press, 1957, p. 359.

[50] Martin Luther, *Commentary on the Sermon on the Mount*, trans. Charles A. Hay, Philadelphia: Lutheran Publication Society, 1892), p. 246.

[51] Thomas Cranmer, «Thomas Cranmer's Preface to the Great Bible» in *Miscellaneous Writings and Letters of Thomas Cranmer*, ed. J. E. Cox, Cambridge: Cambridge University Press, 1846, p. 122.

[52] Charles Simeon, «The Bible Standard of Religion» in *Horae Homileticae: or Discourses (Principally in the Form of Skeletons) and Forming a Commentary upon Every Book of the Old and New Testament*, vol. 3, Londres: Holdsworth & Ball, 1832, p. 542–43.

[53] *Les Textes de Westminster*, éditions Kerygma, 1988, p. 53.

[54] J. I. Packer, *Concise Theology*, Wheaton, IL : Tyndale, 1993, p. 210.

[55] C. S. Lewis, *The Weight of Glory*, New York : HarperCollins, 2001, p. 166.

[56] Jean Calvin, *L'harmonie évangélique*, premier volume, Charols : Éditions Kerygma et Farel, 1992, p. 153.

[57] Richard Baxter, « A Saint or a Brute » in *The Practical Works of Richard Baxter*, vol. 10, Londres : Paternoster, 1830, p. 318–19.

[58] Derek Kidner, *Genesis*, Tyndale Old Testament Commentaries, Downers Grove, IL : IVP Academic, p. 73.

[59] J. C. Ryle, « Thoughts on the Supper of the Lord » in *Principles for Churchmen*, Londres : William Hunt, 1884, p. 267–70.

[60] Charles Haddon Spurgeon, « Christ's People—Imitators of Him » in *Sermons of the Rev. C. H. Spurgeon*, New York : Sheldon, Blakeman & Co., 1858, p. 263–64.

[61] Articles 19 et 20 des *Trente-neuf articles*. Traduction libre.

[62] Samuel J. Stone, « The Church's One Foundation, » 1866. Traduction libre.

[63] Martyn Lloyd-Jones, « The Final Destiny » in *The Church and the Last Things*, vol. 3 of Great Doctrines of the Bible, Wheaton, IL : Crossway, 2003, p. 247–48.

[64] J. C. Ryle, *Practical Religion*, Grand Rapids, MI : Baker, 1977, p. 476. Consultable aussi sur Project Gutenberg : <http://www.gutenberg.org/files/38162 /38162-h/38162-h. htm#XXI> (consulté le 20/12/2017).

À propos d'Évangile 21

Évangile 21 rassemble des pasteurs et des responsables chrétiens profondément décidés à renouveler leur foi dans l'Évangile du Christ et à repenser concrètement leurs pratiques et leurs ministères en vue de les conformer aux Écritures.

Nous voulons :

- **Apporter** réconfort, encouragement et enseignement aux responsables de l'Église d'aujourd'hui et de demain afin qu'ils soient mieux équipés pour nourrir leurs ministères de principes et de pratiques qui glorifient le Sauveur et font du bien à ceux pour lesquels il a versé son sang.

- **Défendre** cet Évangile avec clarté, compassion, courage et joie, unissant joyeusement notre cœur à celui des autres croyants par-delà les barrières confessionnelles, ethniques et sociales.

- **Promouvoir** dans l'Église un élan unificateur, un zèle pour honorer le Christ et multiplier le nombre de ses disciples, les rassemblant autour de Jésus au sein d'un mouvement authentique et dynamique. Une telle mission, fondée sur la Bible et centrée sur la personne de Christ, est le seul avenir viable pour l'Église.

- **Servir** l'Église que nous aimons en invitant tous nos frères et sœurs à se joindre à nous dans cet effort refondateur de l'Église contemporaine sur la base de l'Évangile historique de Jésus-Christ, de sorte que notre vie et nos discours soient pleinement authentiques et intelligibles pour les gens de notre époque.

- **Travailler** ardemment avec tous ceux qui acceptent la Confession de foi (disponible sur le site internet), et soumettent l'ensemble de leur vie à la seigneurie du Christ, avec une confiance inébranlable dans la puissance de l'Esprit pour transformer les personnes, les peuples et les cultures.

Les moyens d'action

Évangile 21 se veut un lieu de ressources centré sur l'Évangile pour les pasteurs et les responsables chrétiens. Nous agissons à travers :

- des séminaires une fois tous les 2 ans

- un site internet avec des articles, des prédications textuelles, des blogs, des recensions de livres, la rubrique Femmes de la Parole, etc. : **evangile21.com**

- la publication d'ouvrages de référence

- un catéchisme pour adultes et enfants

- des formations spécialisées sur internet

- un site internet pour les jeunes chrétiens : **larebellution.com**

- un site internet avec des chants de louange riches en théologie, en musicalité, et en poésie : **hymnes21.org**

PUBLICATIONS
CHRÉTIENNES

Publications Chrétiennes est une maison d'édition évangélique qui publie et diffuse des livres pour aider l'Église dans sa mission parmi les francophones. Ses livres encouragent la croissance spirituelle en Jésus-Christ, en présentant la Parole de Dieu dans toute sa richesse, ainsi qu'en démontrant la pertinence du message de l'Évangile pour notre culture contemporaine.

Nos livres sont publiés sous six différentes marques éditoriales qui nous permettent d'accomplir notre mission :

Nous tenons également un blogue qui offre des ressources gratuites dans le but d'encourager les chrétiens francophones du monde entier à approfondir leur relation avec Dieu et à rester centrés sur l'Évangile.

reveniralevangile.com

Procurez-vous nos livres en ligne ou dans la plupart des librairies chrétiennes.

pubchret.org | xl6.com | maisonbible.net | amazon